有田朋夫

教職35年でつかんだ
伸び悩んでいる人のための

『学びの奥義』

――教え方のコツ・学び方のコツ――

鳥影社

教職35年でつかんだ
伸び悩んでいる人のための『学びの奥義』
——教え方のコツ・学び方のコツ——

目次

教職35年でつかんだ

伸び悩んでいる人のための『学びの奥義』

――教え方のコツ・学び方のコツ――

はじめに

私は小学校の教諭です。さまざまなことを教えます。言ってみれば獣医師のようなものです。獣医師は普通の医師とは全く違います。

普通の医師は人間だけを相手にします。そして外科医、歯科医、内科医、眼科医……、というふうに専門が細かく分かれます。

これに対して獣医師は、小鳥から象まで様々な動物の、しかも胃・心臓・腸・皮膚……と実に多岐にわたった診察・治療を行います。

小学校の教諭は、様々な教科指導を行い、それぞれで指導の仕方が全く違うことがよくあります。獣医師のようなものです。

世の中にはさまざまな学習で「伸び悩んでいる」人が大勢います。受験勉強やスポーツから、いろいろな分野で大勢いるのではないでしょうか。そういう「伸び悩んでいる人」のために本書を著すことにしました。

そのきっかけは、将棋の藤井聡太です。

連日、日本中がフィーバーしました。十五歳の彼には、将棋を習い始めてから「伸び悩んだ」時期などはなかったでしょう。どんな学習にも適切な学習方法があり、そのやり方を外すと「労多くして効少なし」ということが頻繁に起きます。

いつまでたっても将棋が上達しない人、英会話ができない人、それで自分に才能がないと諦めている人が大勢いるのではないでしょうか。そこで将棋の藤井聡太に着目してみました。


彼の活躍が連日のように報道されたとき、師匠の杉本七段がテレビに出演して、

「どのように指導したのか？」

という質問に
「(直接、将棋を) 教えません」

と答えていました。その答えが、番組の出演者に新たな疑問を持たせていました。

「なぜ、教えないのか？」

という当然の疑問について杉本七段の答えが、どうも曖昧ではっきりしなかったのを覚えています。

昔から、プロの将棋・囲碁の世界では、入門した弟子に師匠が直接は教えないのが伝統です。

本書は、その疑問を解明しながら、私が三十年以上にわたって教えてきた「指導の構え」を紹介するものです。

紹介であって、奨励ではありません。私には誰かの考えを変えようとか、誰かを説得しようという気はありません。読者に少しでも刺激があればそれで十分です。

したがって、

「お前の書いたことには説得力がない」

「お前の書いたことには納得できない」

という読者がいても、痛くもかゆくもありません。しかし、

「お前の書いたことは聞き飽きたことの繰り返しで、新しいものがなに一つない。全然、刺激がなかった」

というのだけは避けたいと思って書きました。しかし、そういう読者は殆どいないと思っています。

何かを学んでいる人は誰でも、今のレベルより高いところを目指しているでしょう。中高

校生の受験生もスポーツ選手も、大型車の免許を取る人も、みんな、

（もっと上手になりたい……）

と思っているはずです。そういう方々にも何らかの示唆があるのではないかと思っています。


また、中学生や高校生をお持ちの親御さんで、ついつい、

「勉強しなさい！」

と言ってしまう方が大勢いると思います。実は中・高校生は、

（勉強しなければ……）

という気持ちは、あるのです。でも何から手をつけていいか分からないから勉強が手につかない場合が多いのです。そういうお子さんをお持ちの方やそういう受験生は、第四章の「ゴールからイメージする大切さ」を先にお読みください。


私は公立小学校に勤めているのでいろいろなことを指導します。趣味で将棋や囲碁もやります。そして、同業者（教員）の指導を見ていて、

（それは、教えないほうがいい……。将棋のように「自分のミスに自分で気づかせた」ほう

が効果的なのに……）

と思うことが少なくありません。

また、公立小中学校の先生方は多忙を極めていて、過労死の一歩手前か半歩手前の先生が少なくありません。「働き方改革」とか、「多忙化解消」と言われ、あたかも教職がブラック企業であるかのようにさえ言われることがあります。

このままでは、教員になりたがる若者が減る一方のようでもあります。


本書は、多忙な日々を送っている先生方が、将棋のように「教えないほうが上達が早い」教科や単元を一考するヒントにしていただいても結構ですし、アマの囲碁・将棋ファンで上達に伸び悩んでいる人に参考にしていただいても結構です。また、受験勉強で「何から手をつけていいいか」分からないで困っている受験生に何らかの示唆があればよいと願って書きました。

本書によって、「何かを学んでいる」読者が、学習の仕方を見直してくれるきっかけになれば幸甚です。

第一章　自分のミスに自分で気づく

将棋も作文も「自分のミスに自分で気づく」ことが大切

将棋や囲碁では「感想戦」といって、終局後に二人の対局者でさまざまな変化を検討します。それは、実際の対局と同じくらい重視され、「もっと良い手はなかったか？」「どこで負けたのか？」等を検討します。その検討は執拗をきわめ、場合によっては、翌日の朝になることもあります。彼等は、「自分のミスを自分で探す」ことを重視し、それをやらないと強くなれないことを経験的に知っているのです。

それは、国語の作文指導とよく似ています。

以下は実際に教務室であったことです。

三十代前半のS先生が、子どもの作文に赤ペンを入れています。クラス全員分ですから、その厚さはまだ一センチほど残っています。私は余計なお節介かと思いましたが見かねて、

「それ、全部に赤ペンを入れるんですか？（終わるのが）九時になりますよ……」

「ええ、でも今日のうちにやらないと……」

「それって、ジェスチャーでしょ……。失礼ですけど、子どもや保護者に『熱心な先生』と

思わせるためのジェスチャーでしょう。教師が子どもの作文に赤ペンを入れても、子どもはどうせ見ないでそのまま……、ヘタすりゃ、そのままゴミ箱ですよ……」

「ええ。でも……、じゃあ、有田先生は子どもの作文を読まないんですか？」

「ええ、読みませんよ。一秒も」

「いいんですか？」

「教師が子どもの作文を読むと、子どもが作文を上手になりますか？　なりませんね。だったら意味ないじゃないですか？」

「じゃあ、有田先生は、作文指導をしないんですか？」

「しますよ」

「子どもの作文を読まないで、どうやって作文指導するんですか……？」

「いいですか、子どもが作文を書くでしょ。それを回収して大きめの茶封筒に入れて一週間から十日ほどしまっておくんです。そして、子どもが自分の書いた内容をすっかり忘れたころ、返すんです。そこで、

『今、読み直して（下手だなあ～）と思うところを赤ペンで直しなさい。消しゴムを使ってはいけません。どこをどう直したか先生に分かるように二重線や矢印を使って直しなさい。どこをどう直したかで先生は（君たちの作文の）成績をつけます……』

とやるんです」

S先生は呆然として、

(そんな上手いやり方があったのか……!)

という眼で私を見ていました。

公立学校の先生は保護者の目を気にするあまり、教育的には無意味と分かっていても、無駄な添削やコメントをつけることが少なくありません。それが現場の先生方をいっそう忙しくしているのが現状です。

私は、この作文の添削で苦い経験があります。

三年生の作文指導をしていたときです。

「書き終わった人から(先生のところに)持ってきなさい」

とやりました。すると、一人の男の子が書き終えた作文を持ってきました。私は、さっそくその子の前で添削を始めました。

文章のねじれや分かりにくいところに赤ペンを入れて指導していたら、その男の子が泣き始めたのです。

もちろん声をあげてはいませんが、その涙を見たとき、

（しまった！）

と思いました。でも、もう手遅れでした。

それ以来、私は子どもが作文を書き終えた直後に本人の前で添削することを止めました。「子どもが下手」と思っているところと、「教師が下手」と思っているところが一致しないと添削しても相手を傷つけるだけなのです。子ども自身が下手と思っているところを自分で直すのが効率的なのです。書いた子ども自身が下手と思っていないのに、教師が赤ペンを入れても意味はありません。

将棋も同じなのです。師匠が下手と思っている手と弟子が下手と思っている手が一致しないと、指導しても弟子にはそれが理解できません。自分のミスに自分で気づく事が大切なのです。

公立学校で作文指導をしている先生方は、この将棋の世界の指導方針を参考にしてみると多忙化解消の一助になると思います。

また、添削は学習者が「添削してもらいたい」と思っているときにだけ有効です。そうでないときに添削してもまずは無駄です。これは幼稚園から大学まで共通で、国際教育学会での定説です。子どもが（作文を添削して欲しい）と思っていないのに、赤ペンを入れても効果は期待できないのです。そのままゴミ箱に直行することが多いのです。

にもかかわらず、現場の先生方は子どもに配付したプリント類を全て添削するという多忙な毎日を送っている場合が少なくありません。

保護者は、そういう事情を知らないようです。知らないで添削をする先生を「熱心な先生」と誤解します。

そして、そんな無理解な親の評判を気にして、必要もないのにノートやプリント類に赤ペンをいれる教師は、少なくありません。「熱心な先生」と思われるためのジェスチャーと分かっていても批判や苦情を恐れる先生方はやってしまいます。多忙化解消のためにも、保護者にはきちんと効果的な添削について説明し、理解を得る必要があると思います。

スリップとエラーとミステイク

ミスには、スリップとエラーとミステイクの三種類があります。普通はそう考えられます。

スリップは、突発的・偶発的な状況でやってしまうミスです。自動車を走行するときはスリップ事故を起こさないように気をつけます。エラーは、通常ならしないミスのことで、疲れたり緊張したりしてやってしまうミスです。スポーツ選手がよくやるミスです。ミステイクは、これは誤解ということで、「4×4＝28」とやるようなものです。「4×4＝」と「4×7＝」を混同したためのミスです。

ところで将棋や作文のミスは、その三者の中のどれでしょう？

どれでもありません。だから、将棋の勉強方法も作文指導も誤解されるのです。スリップ、エラー、ミステイクの中のどれかなら他者が指摘しても本人が気づいてもそれほどの差はありません。しかし、将棋や作文のミスは、それらの通常のミスとは違うのです。

どう違うのか？

将棋では、プロの指す手は（アマにとっては）みんな「良い手」です。ですが、他にもっと良い手があれば、それは「悪手《あくしゅ》」なのです。つまり着手の善悪が相対的なのです。

これが、学校での勉強と将棋の勉強との大きな違いです。

普通の学校の勉強では「正誤が相対的」ということはありません。漢字の書き取りや算数の計算、歴史の年号などは正解がまずは一つです。でも将棋や作文には「正解が一つ」ということはありません。「上手な作文」と「下手な作文」の基準が学習者によって異なるという相対的な正誤なのです。それで将棋でも作文でも、何がミスかがはっきりしないのです。将棋や作文のミスは（もっと良い手がある、もっと良い文章があるという）相対的なミスです。これは、スリップでもエラーでもミステイクでもありません。適切な言葉がないため、誤解されるのです。

そういった理由で、将棋や作文のように「統合的学習」が成立するものは、ややもすると学習方法が曖昧になりがちなものです。

統合的学習の長所・短所

では、統合的学習とは何か？　バスケットボールと野球を比較するとよく分かります。

バスケットボールでは統合的学習が有効です。昼休みに友だちと一緒に遊んでいるだけで上手くなります。楽しくやっている中に、パス、ドリブル、シュートなどの技術が織り交ぜてあって、自然と上手くなっていく特性がバスケの中にあるからです。

それに対して野球はどうでしょう。昼休みに野球をやるだけで自然と上手くなるでしょうか？　そんなことはとても期待できません。私も昼休みに友だちと野球をやったことがありますが、打順が回ってこなかったり、外野を守ってもボールが一度も飛んでこなかったりして、そもそもがあまり面白くありません。だいたい松井秀喜の「五打席連続四死球」みたいに、何もさせてもらえないことさえあります。野球では統合的学習が成り立たないのです。キャッチボールから始めて、外野フライを捕ったり、内野ゴロを捕って送球したりするなどの一つ一つの技を丁寧に重ねる必要があります。だから練習時間がたくさん必要になります。

将棋では、この統合的学習が成立します。ですから十五歳の藤井聡太が天下の羽生善治と互角に渡り合うということがありえます。「統合的学習」は効率的で、仲間と競い合っているうちに自然と強くなった例が多くあります。

それでは、統合的学習は効率的な学習方法で、そのやり方で上手になるように思えますが、そうでもなく短所もあるのです。そこに注意が必要です。どういう場合でしょうか？

もう一度、バスケットボールについて考えてみます。昼休みに友だちとバスケットをやっているうちに少しずつ上手くなります。しかし、ついつい「馴れ合い」のバスケになって、すぐに限界に達します。上達が止まってしまうのです。

同じことが将棋にも言えます。仲間と将棋を指しても縁台将棋のレベルを出ない場合が少なくなく、「万年初段」「万年三段」というアマが大勢います。それは昼休みに友だちとバスケをやっても、上達に限界があるのと同じです。そこに統合的学習の弱点があることを将棋の愛好家はわきまえないと、いつまでたっても上達しないという悲劇に見舞われます。

そういう事情で、**統合的学習を行う場合は、どこかで負荷をかける必要があります。**

国語で考えてみましょう。あらゆる教科の中で最も統合的学習が可能なのは国語だからです。毎日、日本語を使っているうちに自然と国語力がつくと考える人がいます。英語の先生の中には国語授業不要論を唱える人さえいます。その言い分は、

「社会や理科の教科書が日本語で書かれている。そこに説明文があるのだから、国語の授業で説明文なんかやらなくていい。道徳の副読本があるから、そこで読解力がつく。物語文なんか『世界の名作』を読めば、それでいいんだ……」

そういう主張です。

その主張は間違ってはいませんが、「バスケットや将棋は、やっているうちに自然と上手くなる」という考えと同じです。自然と上手くなるけど、どこかで負荷をかけないと、ある程度で上達が止まる……、ということを見落としています。

三十年ほど前のことです。当時は外国人の英語助手が珍しかった頃でした。私の勤務する小学校にオーストラリアの英語指導助手が来て、全校で歓迎しました。

教室に戻って、私が小四の子どもたちに、

「これからは、今まで以上に英語ができると就職などで有利になるぞ」

という内容を話したら、最前列の男の子が、

「ボク、日本語、ペラペラ！」

と自慢げに言いました。私は、

（ちょっと大人気ないかな……）

と思いながらも、そのままでは本人のためにならないと考え、あえて訊きました。

「君、日本語、ペラペラなの？」

「うん。ボク、日本語、ペラペラ！」

「試してみていい？」

「うん、いいよ」

「日本がオリンピックの開催国になるプラス面とマイナス面について、君の考えを聞かせてくれ」

「……？」
「どうした？　日本語ペラペラなんだろう。だったら、ペラペラ話してくれ。日本がオリンピックの開催国になることについて、君の考えを聞かせてくれ」
「……」
「これで分かっただろう。君らくらいでは、『日本語ペラペラ』とは言えないんだ。君たちの話せる日本語は、『おい、ドッジボールしようぜ』とか『母ちゃん、腹へったあ～』とか、せいぜいその程度だろう。その程度では『日本語ペラペラ』とは言えないんだ」

小四の子どもに、このようなことを言うのは大人気ないですし、場合によっては保護者から苦情が来ることもありえるでしょう。でも、こういうことを指摘してやらないと、本当に子どもは自分が「日本語ペラペラ」と勘違いしてしまうのです。これが統合的学習の短所です。

ですから、「理科や社会科の教科書が日本語で書かれてあるから、国語の授業は特に必要ない」という主張は、ある程度は正しいのですが、やはりそれでは国語力の伸びに限界があります。

昼休みのバスケットがすぐに「友だち同士の慣れあい」になるように、また、仲間同士の縁台将棋では上達に限界があるように、国語の学習もマンネリ化してしまうものです。

そこで、負荷をかけることが必要になってきます。

例えば全校朝会が終わった後に「校長先生のお話を百字以内にまとめなさい」とか「筆者の考えを八十字以内に要約しなさい」というふうに負荷をかけることによって力がつきます。

昼休みのバスケットでも、上手な人や長身の人が加わるなどして、今までの技術や力では太刀打ちできない状況をつくることが指導者の役割です。

将棋でいうなら、強敵に恵まれていることが重要です。アマが弱いのは、いろいろな理由がありますが、一番の理由は強敵に恵まれていないことです。中には負けるのが嫌で、強い人と対局したがらない人までいます。もちろん、そういう人には上達の見込みはありません。

将棋は統合的学習が可能で、序盤・中盤・終盤のどこから教えても良いのです。どこから学んでも良いのです。その結果、これといった教科書の決定版が未だに存在しません。ピアノならバイエルやハノンのような教本がありますが、将棋にはないのです。

したがって、将棋では、自分より強い人に負かしてもらって、そこから「敗因を自分で探す努力」が最も上達の近道です。ですから、強豪に恵まれていないアマには上達の機会や可能性が、かなり閉ざされているのです。

教師の添削は、ほとんどが無駄

教師が児童生徒のプリント類に赤ペンを入れることを添削と言いますが、これがあまり意味がないことが多いのです。

添削に効果があるのは、学習者が、

「添削して欲しい」

と思っているときです。ですからテストをやった後、子どもがやってきて、

「先生、○つけ終わった？」

と聞きに来たときは急ぎます。すぐに添削して子どもに返すと子どもは自分のミスを見直します。読者の皆さんも小中学生のころ、テストプリントが返ってきたとき、

「しまった！　一〇点ソンしたあ～！」

と、自分のミスを嘆いたことがあるでしょう。それはあなた自身が、

（何点だったか、早く知りたい！）

と思っていたからです。そういう時は他者（教師）がミスを指摘しても効果があります。しかし、学習者自身が（誤りがあったら、指摘して欲しい）と思っていないのにそれをやるのは、ほとんど効果がないのです。

机間巡視は、将棋なら「御法度」

将棋や囲碁をやる人は、対局中に他者に助言をされて不快な思いをしたことが誰でもあるのではないでしょうか。

将棋や囲碁では、対局中に助言をするのは御法度です。他人の将棋を観戦していると、ついつい口出ししたくなるものですが、マナーという点からも上達という点からもやってはいけません。

ところが、公立学校の先生が、この御法度の助言をよくやっているのです。それが机間《きかん》巡視です。

教師が子どもの机の間を見回って、いろいろと助言するでしょう。皆さんも経験がありませんか？　子どものやっているところを教師が覗いて、あれこれと助言（指導）するわけです。

教師なら、当然やるべきと思われますが、これが意外と子どもに不評なのです。

N大学の教授（故人）が、管内の小中学校の教諭を集めた研修会で

「机間巡視なんか止めなさい。子どもの七〇パーセントが嫌がっているのですよ」

と言いました。私は、

（へえ～。そんなもんかなあ……）

と思い、翌日、担任する五年生の子に訊いてみました。

「君たち、机間巡視といって、先生が君たちの間を歩き回っていろいろと指導するんだけど、あれって、君たち嫌なの？」

と訊いてみました。すると、机間巡視を嫌がる子どもは七〇パーセントではありませんでした。なんと全員が手を挙げたのです。つまり七〇パーセントではなくて、私のその学級に関する限りは一〇〇パーセントなのでした。その理由と訊くと、

「……自分がやっている最中に口出しされるのは嫌だ」

と言うのです。なるほど、その気持ちは分かります。自分が考えている最中に口出しされるのは嫌なものです。これは囲碁や将棋の世界で「助言」が御法度なのと同じです。

碁盤や将棋盤の脚を見たことがありますか？　下の部分が拳骨みたいないかつい格好をしているでしょう。あれはクチナシの実をかたどっています。つまり、暗に「助言」を戒めているのです。

そのくらい「助言」は昔からやってはいけないこととされてきたのです。子どもが考えている最中に教師が口出しをするのは、決して教師が思っているほど効果的ではありません。それは将棋や囲碁の対局中に助言するのと同じなのです。

こう考えてみると、なぜＴＴ（チーム・ティーチング）に効果がないかが分かってきます。教師が二人で組んで、一人が黒板で一斉指導し、もう一人が個別に机間指導すれば効果的だと思っていたのが、そうではなかったことが分かってきたのです。

でも、そんなことは少人数の学級と大人数の学級を比較してみれば、すぐに分かることでした。

二十人の学級を一人の担任で教えるのと、四十人の子どもを一人の担任で教えるのを比べれば、その負担は二倍も違います。当然、子どもの数が少ないほど、「教師の目が行き届く」わけです。しかし、少人数の学級のほうが、大人数の学級より学力が高いという報告やデータなどは聞いたことがありません。「教師の目が行き届く」「一人一人の子どもの面倒をみやすい」という状況は、必ずしも学力の向上にプラス（影響）しないのです。

私の知人の女性教員で、やたらと机間巡視をする先生がいました。その先生は子どもに練習問題をやらせる際に必ず机間巡視をやり、

（この子と同じ間違いをしている子が、他にもいそうだな……）

と思ったら、わざと大きい声で誤りを指摘して他の児童にも聞こえるようにしているというのです。そのほうが指導の効率が上がるというわけです。それを会議室で得意げに話していました。しかし、誤りを指摘される子どもにしてみれば、級友の前で「恥をかかされている」わけで、その精神的苦痛は相当なものだったでしょう。しかも、算数ともなれば毎日のようにあるのですから、指導の名を借りた教師のいじめと言えなくもありません。

机間巡視は、子どもにとってお節介、親切の押し売りかもしれないのです。当人は自分を教育熱心な先生と思い込んでいたようですが、ただの自己満足で子どもにしてみたら煙たい存在でした。

その学級は確か十七人くらいだったかと記憶していますが、そのうち二人の子が徐々に意欲をなくし、最後は「先生が来て、教えてくれるまで坐って待っている」ようになりました。

教師が「手取り足取り」親切に教えることは、必ずしも効果的ではないのです。

読者の中に将棋や囲碁をやる人がいたら、想像してみてください。自分が将棋を指している最中に周りから助言（つまり口出し）されて、

「教えてやってるんだ！」

とやられたら、どんな気がしますか？　誰だっていやでしょう。それと同じことを毎日のように子どもにやっていたのです。子どもに煙たがられて当然でしょう。しかも、教師が頑張っているわりに子どもの学力は伸びません。将棋と同じです。

でもその先生は、母親には人気がありました。熱心な先生に見えたからでしょう。

ややもすると保護者の方は、子どもに寄り添い、何でも細かい指示をする教師を高く評価する傾向があります。それが教師の心理的・物理的負担を増やす一因になっているように思います。

だからといって、私は机間巡視を完全否定はしません。おやりになる先生がいるなら「止めろ！」とは言いません。ただ、たいへん難しいとは言っておきます。将棋を例にとると、第三者が口出しするのはいけませんが、上手（上位者）が下手（下位者）に稽古をつけると

きに、相手が「良い手」を指したとき、
「ああ、それは良い手ですね。それで（こちらが）困りましたね」

そう言って自信を持たせ、その後は片八百長《かたやおちょう》でわざと負けてやることがあります。そういうこともあるにはありますが、めったにはないものです。それに頻繁にやると効果が薄れます。

アメリカでＴＴ（チーム・ティーチング）が効果的でないことは、すでにはっきりしています。それなら、机間巡視が効果的なはずがないと個人的には思っています。

大事なのは、学習者の意識です。子どもが「先生、教えて！」と言っているなら、これを拒むべきではありません。それこそすぐに駆けつけて指導すべきです。ですが、子どもが考えている、まさにその最中《さなか》に指導の名を借りた「口出し」は効果的でないと思っています。

「硬筆ノート」に赤ペンを入れる可否

学習者の意識が大切だと述べました。「硬筆（ペン、鉛筆など）ノート」を例にとって考えてみます。

小学生が国語の学習に「硬筆ノート」を使います。読者の皆さんも、子どもの頃、先生から赤ペンを入れてもらった覚えがあるでしょう。

でも、担任の先生に赤（サイン）ペンで自分の字を直してもらって、それがきっかけで字が上手くなった……、そんな経験が実際にあるでしょうか？

私にはありません。

これも保護者の目を気にするのが遠因にあるように思います。

私は、赤ペンを入れません。では、どうするか？

子どもの書いた「硬筆ノート」を回収し、そのままにしておきます。次の硬筆の授業は一週間後か二週間後です。そこで、硬筆ノートを子どもに返却します。そして、

「今、自分で見直してみて『下手だなあ』と思うところを三ヵ所〜五ヵ所だけ直しなさい」

と指示します。

すると、子どもは、

（オレって、こんなに下手だったのか……？）

そう思って下手だと思うところを直します。そこで上達するのです。教師が赤ペンを入れて、子どもがそれを眺めても上達の足しにはなりません。それをやれば、子どもも保護者も「熱心な先生」と思ってくれはするでしょう。でも、それが効果的な指導とは思えません。

ここでも、学習者の意識が大事です。

自分のミスに自分で気づくことが大切なように、自分で「(あのときの自分は)下手だったなあ〜」と自分で気づくことが大切なのです。

私が高校生の時、書道の先生が、

「一年前の自分の字は、見るのも嫌だね……」

と語っていました。私の目からみると、その先生はものすごい達筆で、

(これ以上に上手く書くことなんて不可能なんじゃないか!)

と思えるくらい上手いのです。それでも本人は、

「一年前の自分の字は見るのも嫌だ」

と言います。そういうものなのです。

将棋も作文も、硬筆(毛筆)も、

(自分はこんなに下手だったのか……)

と思うことが上達の鍵なのです。自分の作品や自分の作文なら「自分のこととして受けとめる」ことができるからです。本居宣長は、それを重視した言葉を残しています。

本居宣長の教え

「好きこそ物の上手なれ」とは、昔からよく言われることです。ですが、なぜ「好きなら上手になれるのか？」の議論があまりありません。たいていは、好きなことなら練習が苦にならない……、のように解釈されるのではないでしょうか。

それが間違っているとは思えませんが、しかし、好きなことなら「自分のこととして受け止められる」という視点が欠けているように思います。何事も「自分のこと」として受け止めないと、上手にならないものです。

本居宣長が、次の言葉を残しています。

「すべて萬の事、他のうへにて思うと、みづからの事にて思うとは、浅深の異なるものにて、他のうえの事は、いかほどに深く思ふやうにても、みづからの事ほど深くはしまぬものなり。」（本居宣長『うひ山ぶみ』）

これは学習に関しての至言だと思います。

他人のことは、どんなに深く考えたようでも自分のことほどには興味を持てないものです。これは人間である以上仕方がありません。だからこそ、学習教材には、興味の持てる内容が必要なのです。

自分の指した将棋なら「自分のこととして受け止めることができます。他人の将棋では「自分のこととして」受け止めることができません。

作文でも、自分の書いた作文だからこそ自分で直そうと思うわけで、他人の書いた作文を直しても上達は高が知れています。

英語の学習で伸び悩んでいる人は大勢いると思います。

理由はいろいろと語られていますが、英語の場合は「自分のこととして受けとめる」学習がほとんど成立しません。アイ・マイ・ミー・マイン、ユー・ユア・ユー・ユアズー……、これって、自分のこととして受けとめられますか？　無理でしょう。This is a pen.　これを自分のこととして受けとめるのは無理です。

英語学習の初期段階では、どうしても「自分のこととして受けとめる」のができないのです。

第一言語は「獲得する」と言い、第二言語は「習得する」と言います。これは、外国語を身に付けるには、きちんとした学習プログラムが必要ということを意味します。ですから、最初は無味乾燥な「つまらない学習」をある程度は我慢してやる必要があります。

国語の作文なら、「自分のミスに自分で気づく」という将棋と同じ手法が成立します。しかも効果的です。学習者が「獲得する」のですから、自分のミスに自分で気づくように持っていくのが効果的です。しかし、英語では、そのやり方ではうまくいきません。中高生に英作文を書かせて回収し、忘れた頃に返して、

「下手だと思うところを直しなさい」

と指示しても、中高生は直せません。どこが下手なのか、書いた本人には分からないからです。第一言語と第二言語とでは、学習の仕方が異なるのです。

ですから、これから小学校に英語が導入されると担任はたいへんな負担を課せられることになります。日本語なら、スリップやエラーを「見て見ぬふり」をすることが可能です。日本に住んで、日本語を使っているうちに自然と身につくことが期待できるからです。

ですが、英語の場合は、日本に住んでいるだけに「自然に身につく」わけではありませんから、学習者の誤りを教師が片っ端からていねいに添削することになります。

作文（日本語）は、自分の作文を読み返すことによって上達します。

将棋は、自分の（負け）将棋を反省することで上達します。

どちらも、「自分のこととして」受けとめることができるからです。それが効果的な学習方法です。

でも、英語では、自分の英作文を自分で見直すことができません。小学校英語が本格的になれば、教師が細かく丁寧に添削せざるをえないことは、覚悟しておくべきでしょう。英語だけを指導する専門の教師が必要になるかもしれません。

第二章　基礎と基本はどちらが優先するか？

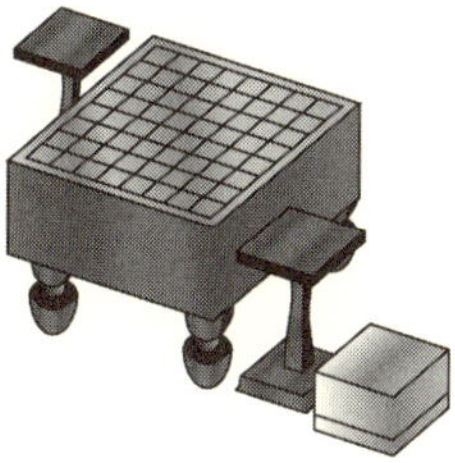

基礎と基本の違い

基礎・基本という言葉は、誰でも聞いたことがあるでしょう。でも、両者の違いとなると、あまり知られていないのではないでしょうか。

基礎・基本というのは、もともと建築用語です。それを教育に使うようになったわけですから、言葉の使い方に多少の無理や不自然さが生じるのは仕方ありません。

基礎とは「基礎工事」と言われるように土台のことです。土台がしっかりしていないと、その後は何をやっても上手くいきません。

「基本」とは柱のことです。土台の上に立てる柱のことです。したがって、基礎が先で、基本がその後になります。土台となる基礎をしっかりと身に付け、その上に柱となる基本を身に付けます。学習も同様で、基礎・基本がしっかりとしていないと、その後はいろいろな学習を重ねてもなかなか上達しないということが起きてきます。

そういうことですから基礎が基本より優先します。「基礎体力」と言いますが、「基本体力」とは言わないでしょう。体力が土台であって、まず最も重要なものです。

また、「基本の技」とか「基本のテクニック」と言いますが「基礎の技」とか「基礎のテクニック」とは言いません。まず基礎的な体力があって、そこで初めて技が身につきます。そんなことからも**基礎が基本に優先すると言えます。**

ここで注意したいのは、スポーツで「基礎体力」というからといって、小学生から筋力トレーニングをやったほうがいいということではありません。むしろ逆です。種目にもよりますが、小学生は調整力、中学生は持久力、高校生は筋力……、というのがまっとうでしょう。言葉にこだわりすぎると失敗することがあります。

様々な例があります。卓球で小学三年生が中学三年生に勝ったという例もあることはあります。それは、卓球という種目が反射神経や敏捷性がモノを言う種目で「筋力勝負」ではないからです。腕力で勝負するなら小学生が中学生に勝てるはずがないでしょう。

レスリングや相撲などの体重や筋力勝負の種目で、小学三年生が中学生に勝つことはできないでしょう。何が基礎かは種目や教科によって異なりますから、そこの見極めが大事です。

そこで、将棋における基礎とは何かです。

それは読みの力です。これがないと、その後が伸びません。そして、小学生が大人を尻目にどんどん強くなれるのは、この読みの力をつけやすいからだと思われます。

将棋とスポーツの大きな違いは、将棋は子どものうちから基礎を徹底的にやっても構わないことです。将棋では「詰め将棋」という勉強方法があります。これが基礎です。小学生で大人をコロコロ負かす子がときどき現れます。あれは、子どもだからこそ徹底的に「読む」練習ができるのです。そして、「読む楽しさ」を経験するのです。

大人になると、戦略とか戦術とかの「作戦面」で勝とうとする傾向が強くなります。大人は駆け引きに長けているため、子どもほどには読みの力で勝とうとはしません。そうすると上達にも限界があるというわけです。将棋では「読み」の訓練が基礎ですから、その基礎を楽しくやれる子どもと、それを面倒がってやらない大人との違いが出てくるわけです。しかも、子どものうちは競った場面でも思い切った手を指してきます。すると、ますます読みの力がつくわけです。

アマが数時間かけても解けない詰め将棋をプロ棋士は瞬時に解いてしまうことが珍しくありません。アマでも県代表になるくらいの人は、かなり読みの力がありますが、それでもプロと比べると雲泥の差があります。

では、どのくらいのレベルで基礎が身についた、と言えるでしょうか？　おそらくは「目隠し将棋」が指せるレベルだと思います。アマでも「目隠し将棋」を指せる人がいます。「プロなら誰でもできる。別に不思議でもない」とよく言われますが、実際にアマでもやれる人はいるのです。ただし、プロはアマを相手に「目隠し」で三面指しとかをやります。（つまり一度に三人を相手にやるのです。さすがにこれはプロの芸で、アマには無理でしょう）

全盲のピアニストが話題になったことがありますが、プロの演奏家なら暗闇の中でも演奏できます。プロとは、そんなものです。

シューマンの「音楽座右の銘」から

シューマンの「音楽座右の銘」は、音楽以外の分野の方々にもよく知られているようです（シューマン『音楽と音楽家』吉田秀和訳、岩波書店）。その中に、「難しい曲をいい加減に弾くより、易しい曲をきちんと弾くことのほうがずっと大切です」というのがあります。これは、おそらくあらゆる習い事に言えることではないでしょうか。これほど基礎・基本の大切さを言い得ている言葉はないと思います。

基礎ができていないのに、つい高望みをして「難しい曲」に挑戦してみたくなるものですが、その「はやる気持ち」を抑えることができるかどうかです。

私の知人で二十歳からピアノを習い始めた男性がいます。たいへんな向上心と好奇心の持ち主ですが、なんと、バイエルの六十番も満足に弾けないうちからバッハのインベンションに挑戦したのです。

これは全くの間違いで、結局、彼のピアノはモノになりませんでした。彼はピアノを習うのを語学の学習か何かと混同し、統合的学習が成立するると思ったふしがありました。ピアノは、「やっているうちに自然と上手くなる」ような、そんな甘いものではありません。

私の近所に「ピアノ教室」を開いている人がいます。ある時、彼女は自分の仕事について興味深いことを語ってくれました。

「私がやっていることは、生徒の（悪い）癖を直すことだけです。一週間も自宅で練習すると、どうしても癖が付きます。私は、その癖を直すだけです。あとは、生徒が自分で練習して上手になるだけです」

なるほど、そういうものなのか……、と合点がいきました。誰にも教わらず我流でバッハに挑戦した人は、膨大な時間を無駄にしたのです。

基礎・基本の段階なら、教材選びは慎重かつ禁欲的に

シューマンは、また、

「演奏する曲を選ぶときは、年長者に相談するようにしましょう。時間を節約することができます」

という言葉も残しています。これは、学習者が自分に適切な教材を選ぶことはできない、という意味でしょう。でも、ついそれをやってしまうことを戒めていると言えます。

何を習うにしても学習者は自分に合った教材を自分で選ぶことができません。年長者（指導者）の助言が必要です。特に基礎基本の段階では、このことが重要になります。

さきほどの述べた二十歳になってからピアノを習い始めた男性は、我流でした。結局は、バイエル修了程度で、モノになりませんでした。我流の報い、かくの如しです。

しかし、無理もありません。というのは、ピアノは楽譜を見ると、自分には易しいか、難しいか、すぐに分かります。そうすると、自分で楽曲を選びたくなります。そこが落とし穴です。自分にとって易しいか難しいかが分かるからといって、自分に合った教材を選定できるわけではありません。教材の選定は、経験のある優秀な指導者にやってもらう必要があります。

易しい曲をきちんと弾けないうちに次の段階に進むと、そこで躓《つまず》くことが少なくありません。英語を例に取って考えてみましょう。

読者の中には、高校生のころ英語の教科書を日本語訳させせられた経験のある方がほとんどでしょう。私もさせられました。英語教師が、

「では、○ページの△行目から、□□君、読んで訳して……」

というふうに授業を進めたものです。今から考えると、全く効果のない学習でした。アルバイトの学生でもできる授業でしたから。でも、当時の私は、そういう授業に何の不満も疑問も持ちませんでした。そして、英語の勉強をしたような気分にだけはなっていました。

しかし、英語を日本語に訳したら、それで英語の力がつくでしょうか？　翻訳家なら、それで仕事が終わります。でも英語の力がつくでしょうか？　つきません。頭の中で英語から日本語に訳すという作業をやっているだけでは、いつまでたっても英語を読めるようにはなりません。英語を英語のまま理解できるレベルまでいかないといけません。でも、実際には、難しい英文を辞書を引きながら汗をかいて解読することで英語力がつくと思い込まされていたのではないでしょうか？

日本では明治時代から外国語を日本語に訳すのが学習と思い込まされてきました。そのマ

インド・コントロールを解かないことには、日本の英語教育は前進しないでしょう。

井上成美《いのうえしげよし》（最後の海軍大将で、英語・ドイツ語に堪能）が、晩年になって近所の子どもに英語を教えたとき、

「英文和訳は、百害あって一利なし」

としばしば言ったそうです。これは至言です。英語を英語のまま理解することが大切で、頭の中で日本語に訳していては、いつまでたっても英語を話せるようにはならないのです。でも、教師は生徒の理解度を知るために、

「○ページの△行から訳しなさい」

とやります。仕方ないと言ってしまえばそれまでですが、何とかならないでしょうか。頭の中で日本語にしないで「英語を英語のまま理解できる」まで繰り返し音読することを奨励すべきです。そして、スラスラ読める、何も抵抗感のない状態で読めるまで練習することの大切さを教えてくれる先生が、私の高校にはいませんでした。

将棋でも同じです。頭の中で（3四歩、同銀、3三金右……）とつぶやいてはいけません。盤上の駒が一気に動き出すのをイメージできないと、とても上達は無理です。そのため

に詰将棋をやって訓練するのです。この訓練で頭の中に将棋盤を作ります。強い人は、みんな頭の中で将棋を指せます。それは英語を話す人が頭の中で日本語訳をしないのと同じです。

英語は、頭の中で日本語に訳さないで英語のまま理解する。

将棋は、頭の中に将棋盤があって、一手一手を考えるのではなく、駒が動き出すようなイメージを持つ……、共通するものがあると思います。いずれも基礎練習を大事にしないと身につかないことだと思います。

ですが実際には、英語を英語のままで理解することができないうちに、訳だけノートに書いて学習した気になっている人がいます。**学習には、身につく中身のある勉強と形だけの身につかない勉強とありますが、**後者を一生懸命にやって時間を無駄にしている人が相当いるようです。

以下は囲碁の話ですが、それと同じ間違いをした人の実例です。

幕末から明治にかけて本因坊秀和《しゅうわ》という名人級の打ち手がいました。生涯に六百局余の棋譜を残したのですが……、あるアマが数年をかけて、その六百局を「まるごと全部暗記した」というのです。そして結果は……、少しも上達しなかったそうです。

彼の間違いは何だったのでしょう？

彼は囲碁（将棋）の勉強を書道の勉強と同一視してしまったのです。書道なら、手本を真似するだけで上達します。しかし、囲碁や将棋は、手順を覚えてそれを盤上に再現するだけでは学習になりません。

ここで反論があるでしょう。そうは言っても、囲碁も将棋も名人上手の棋譜を並べることは、「有効な学習方法」として奨励されているではないか……ということです。誤解している人は多いのですが、それが効果的なのは習得段階です。学習には、習得段階と活用段階・**応用段階・習熟段階とあって、それぞれの段階で学習の仕方が違うのです。**

プロの名棋譜を並べるのが効果的なのは、初心者〜アマ五段くらいまでだと思います。そこまでは習得段階で、ラーン（learn）の学習が主ですから、とにかく吸収すればよいのです。でも五、六段の人が、それ以上になるのにプロの棋譜を並べるだけでは意味がありません。そこからは活用段階・応用段階で、スタディ（study）を中心にします。「自分ならどう指すか？」をプロと比較しなければ意味がありません。

第三章でも詳しく述べますが、ラーンは「巨人の星」の星飛雄馬がやったことです。スタディは父親の星一徹のやったことです。

ラーンとスタディはまったく違うのです。

将棋や囲碁については、（議論の余地があるとは思いますが）だいだいアマ三段〜五段くらいまでは、ラーンが中心です。定石（定跡）や手筋などの新しいことを覚えていけばいいのです。それがラーンです。でもアマ高段者あたりからスタディとドリルが学習の中心になります。そこの見極めが大切です。

基礎をおろそかにした私の報い

私事で恐縮ですが、私の友人に大学時代にアルペンスキー部のキャプテンをやった人がいます。私は二十代の後半にその人からスキーを教わりました。そして、私は基礎をおろそかにして大きな失敗をしました。

その人は、私の練習を見て、

「有田さんは、すぐ曲がろうとする……。曲がる練習は後でいいんです。大事なのはスピードに慣れることです。スピードに慣れてないうちに曲がる練習をしても仕方ないんです」

彼は私に、そう繰り返しますが、私は、

「上手に曲がれる人が上手いんでしょう？　違うんですか？」

と言います。彼は、

「曲がれば必ずスピードが落ちます。スピードが落ちれば負けるでしょう。だから『いかに曲がるか』ではなく『いかに曲がらないか』なんです。スキーは直滑降が基本で、まず直滑降をやって、スピードに慣れることが先なんです」

「それは競技スキーでしょう。こっちはゲレンデスキーですから、スピードは関係ないんじゃないですか？」

こういうやり取りに彼は辟易《へきえき》したらしくて、リフトで高いところまで私を連れて行きます。リフトを降りたところで、空いたゲレンデを見下ろして
「あの（ホテルの）玄関前まで、直滑降で行きましょう」

と、平然と言ってのけたのです。私は、

「……！　あそこまでですか？　二百メートルはありますよ！」

「ええ、あそこまで直滑降で行ってみてください」

「できるわけないじゃないですか！　転んだら死ぬか大怪我しますよ……」

「転びません」

彼は穏やかに言って、直滑降で滑って行きました。またたく間に豆粒のように小さく遠くにかすみました。ゲレンデには凹凸がありますが、それらをすべてなぎ倒して滑降します。

私は、自分が間違っていたことをはっきりと悟りました。そのとき、「スキーはスピード感覚が基礎」だということを納得しました。そして、

「速いヤツが上手いんです！」

という彼の言葉が正しいことを目で確認しました。なにしろ転倒したら大怪我するようなゲレンデを猛スピードで滑降したのですから。

競技スキーとレジャースキーとは、まったく次元が異なります。競技スキーでは、スピード感覚が基礎です。時速五十キロより時速百キロ、時速百キロより時速百五十キロで滑れることが基礎なのです。そして、その基礎ができていないうちに「曲がる練習」をしても効果はほとんど期待できないのです。

スキー学校でインストラクターに教わっても、あまり上達しません。でも、大学のアルペン部に入ると、たちまち上達します。なぜか？

大学のアルペン部では「速いヤツが強い」という構えで、徹底的にスピード重視の練習をします。直滑降でガンガン飛ばします。それが練習のメインになります。

それに対してスキー学校では、お金を取っている手前、どうしても技術指導が中心になります。

そうすると、斜滑降姿勢はバッチリ決まってはいるが、荒れた斜面では通用しない「ひ弱なスキーヤー」になってしまいます。これって、ひ弱な将棋指しに似ていませんか？　見よう見まねで序中盤は何とかなるけど、紛糾してカオスの世界に入ってしまうと、たちまち力の無さが露呈してしまう……。

算数も同じです。計算は、「できればよい」のではなく「速くできなければ意味がない」ことを子どもたちに指導する必要があります。百メートルは走れればよいというものではありません。二十三秒もかかっては、まるで高齢者のタイムでしょう。速く走れなければいけません。

どうです？　算数も、スキーも、将棋も、ピアノも……、基礎が大事でしょう。そして、基礎の段階では、あまり教材を豊富に持たないで、一つの教材を徹底的にやるほうが効果的です。

塾や予備校では、お金を取っている手前、どうしても教材を豊富に提供する必要がありま す。そうすると、消化不良になってしまい、かえって学力向上の妨げになってしまいかねま せん。基礎段階では一つの教材を繰り返しやったほうが、いろいろな教材に手を出すより効果的なのです。

余談ですが、「学習の効率を求める」という点ではスキーの選手が最も厳しい態度で臨んでいるように思われます。

スキーはリフトの稼働が停止したら、そこで練習ができなくなります。野球なら帰宅してから素振りができます。シャドーピッチングもできます。しかし、スキーでは自宅でスクワットや腕立て伏せをやってもそれは素振りやシャドーピッチングほどの意味を持ちません。スキーで使う筋力は、やはり急斜面を滑降することでしか身につきません。

誰を指導者に選ぶか

リオ五輪で女子のシンクロチームがメダルを獲得しました。テレビで太田章というソウル五輪のレスリング日本代表がコメントしていました。

「一〇〇パーセントではありませんが……、コーチで決まりますね」

私は太田氏の言葉に感歎しました。すべての指導的立場にある人が心したい言葉です。学習者がどこまで伸びるかは、コーチで決まるというのです。

そこで、
①独学でも伸びる
②常にコーチを必要とする
③ある程度まではコーチが必要だが、そこから先は自分でやるしかない
この三者を峻別する必要がありそうです。

将棋に関しては、アマ三段くらいまでは、ラーンの段階で上級者に指導を受けたほうが効率的です。しかし、中盤段階になると「カオスの世界」に入ってしまいます。そこでは、もうコーチが不要になるのです。藤井聡太の場合がそうです。師匠が教えないのは、スタディの段階だからです。ラーンの段階では指導者（コーチ）が必要ですが、プロに入門した段階で、すでにコーチを必要としない学習段階に入っているのです。

これは囲碁もそうですが、「カオスの世界」に入ってしまうと指導のしようがないのです。そこからは自分で努力するしかないのです。

そして、紛糾した盤上で自力を出し切って解決することが上達の秘訣なのです。

人間の能力は、現在持っている能力を出し切ったときに伸びる

第一章で統合的学習の長短について述べました。

そこで述べた短所は、自分の能力を伸ばしたかったら、現在の能力を出し切らないといけないということです。

何でもそうですが、ある段階で「自分にとってはレジャー」という意識になったら、そこで上達は止まります。これはあらゆる習い事に共通すると思います。ピアノでも将棋でも英語でも、ただ単に楽しむだけの態度は学習態度とは言えません。「自分にとっては学習」「自分にとっては修行」「自分にとっては目標」という気持ちを維持できるかが重要です。常にもっと上を目指す態度を持ち続けることがなくなったら、それはもう仕方ありません。「万年初段」「万年三段」の人たちは、レジャーとしてやっているのですから、それはそれで良いと思います。

私は教員ですから、よく子どもたちに問います。

「仮に百メートルを十五秒で走る子がいるとする。その子が十四秒台を出したいとする。練習するとき、ヘラヘラ笑いながら二十秒で走っていれば、『そのうちに十四秒台が出る』そ

んなことがあるだろうか？」

子ども達の答えは、当然、ノーです。

人間の能力は、現在の能力を出し切った時しか伸びないのです。ドリルトレーニングでも、必死にやらないと、習得しただけで習熟に至らないことが珍しくありません。習得と習熟は、似ているようで全く違います。

習得と習熟とは違う

学習が習得ならそれはレセプティブ（受容的）な学習で身につきます。しかしそれを習熟段階にまで進めるにはアクティブな学習でないといけません。

少し、英語の例を挙げて考えてみます。

「この（腕）時計は、壊れている」

を英語で言ってみましょう。

This watch doesn't work.

でよいのです。簡単でしょう。中学一年の英語です。でも、すぐに口から出ますか？　人に言われれば分かるけど、自分の口からすぐに出ない人は、習得はしていても習熟はしてい

ないのです。では、

「ヤツから目を離すな！」は、どうでしょう？

Keep your eyes on him.

でよいのです。これも中学一年の英語でしょう。でもとっさに言えますか？「なんだ、それでいいのか」という人は、習得はしていても、習熟はしていないのです。では、

「二週間、待ってくれ」

簡単そうでしょう。これなら咄嗟《とっさ》に言えますか。

Give me two weeks.

でよいのです。

（えっ、それでいいの？）

と思うでしょう。こんな簡単な英語がとっさに出ないのです。

他者に指摘されて「なるほど」と思っても、それがすぐに自分ができるとは限らないのです。第一章で作文指導について触れましたが、実際に「自分で話す」「自分で書く」練習をしないと身につきません。レセプティブな学習をいくら重ねてもアクティブな能力にはならないのです。

これって、将棋の勉強に似ていませんか？　似ているどころかそっくりです。藤井聡太の将棋を師匠の杉本七段が出てきて、

「そこは４八銀じゃなくて、３二金が先だろう！」

「あ、そうですね。３二金でしたね」

こういうやり取りをしても上達は期待できないのです。学習段階がスタディだからです。優秀なコーチに教われば上達できるのは、ラーンとかドリルトレーニングです。

シンクロの井村雅代コーチは、何ができればメダルを取れるか知っています。どういう身体能力が必要で、その体を作るのに何ヵ月、何年かかるかを知っています。メダル獲得までのプログラムを優秀なコーチは作ることができます。

しかし、将棋は「自分で強くなるしかない」ので、コーチが不要なのです。

将棋の学習は、「頭の中に将棋盤を作る」のが最優先です。詰将棋をやっても、棋譜を並べても、手筋の本を読んでも、それが「頭の中に将棋盤」を作ることに繋がるやり方でないといくらやっても上達には繋がりません。英語の学習によく似ています。

英語でも、頭の中に「英語の回路」を作らないと、英語は絶対に話せるようにならないと主張する人がいます。同時通訳の神様と言われた國弘正雄氏は、そのことを強調していま す。

本書は英語の学習方法についてのものではありませんので、これ以上は深入りしませんが、レセプティブな学習をアクティブな能力にどうつなげるかが共通しています。一考に値すると思います。

第三章　ラーン、スタディ、ドリルトレーニング

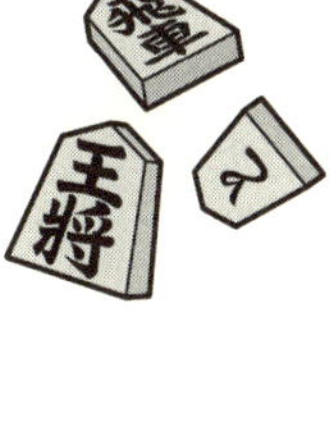

第二章で少し触れましたが、同じ教材でも学習者のレベルによってラーンになったりスタディになったりドリルトレーニングになったりするのです。具体的には次のようなことです。

高校生が英文の教科書を単語の意味を調べながら訳せば、それはラーンです。しかし、同じ英文を筆者の意図を考えながら、いくつかある訳語のうちの（どれだろう？）と悩みながら訳せば、それはスタディです。そして、英文の意味をすっかり理解できたら、最後にスラスラ読めるまで繰り返し暗唱するまでやる、これがドリルトレーニングです。

同じ英文読解でも学習者のレベルや段階によってラーンにもなればスタディにもなり、ドリルにもなるということです。

学習者は、自分のやっている勉強がラーンなのか、スタディなのか、ドリルなのかを常に頭に入れてやらないと時間を無駄にすることになりかねません。

「社会科」の学習はラーンが中心

私の知人に社会科の先生がいて、彼も将棋をやります。アマ初二段程度ですが、その彼が将棋のプロ育成について批判します。

「(師匠が弟子に) 教えないなんて、ナンセンスな伝統だなあー」

と言うのです。

これは、独り善がりで的はずれな批判です。プロの世界は「食うか食われるか」の超過酷な世界です。そんな世界ですから、効率的な指導方法が確立していると考えていいはずです。才能のある子どもを発掘するだけでなく、その育成にも成功しなければ、その業界で取り残されます。したがって、安易に批判するのではなく、「なぜ、教えないのか?」を真剣に考えないと将棋の世界から何も学べなくなってしまいます。

私は彼に言いました。

「お前は社会科の先生だ。社会はラーンが中心だ。『大化の改新』は六四五年、意欲(一四九二年) に燃えたコロンブス……、そういうふうに教師が一方的に教えれば、それで学習が成立する。

生徒に向かって、

『大化の改新はいつだ？』

『分かりません』

『分からなかったら、分かるまで考えろ！』

これは、社会科の勉強ではありえないだろう！　大化の改新なんて、知らないんだったら考えてもしょうがない。先生が教えるだろう。将棋とは、勉強の仕方が違うんだよ」

「……」

彼は反論できません。黙っている彼に私は続けます。

「お前の将棋は、アマ初二段程度だろう。そこまでは、ラーンでいいんだよ。よく、プロが『アマ三段までは誰でもすぐになれる』って言うだろう。三段までなら、駒の動かし方とか駒組みとか、基本の攻め手筋の『暗記』でいいわけだ。それはラーンだよ。でもアマ高段あたりからは、暗記でなくて自分のミスを自分で探すことが大切になるんだ。スタディ中心の学習になるんだよ。

ミスには、自分で気づくミスと他者に指摘されて気づくミスとある。将棋では、自分のミスに自分で気づくことが大切で、人に指摘されてもあまり効果がないんだ。それは国語の作文と同じなんだ。お前は、国語の先生が作文指導で何をやるか、知らないんだろう？」

そういって、私は、国語の作文指導（第一章で述べました）と将棋の勉強が似ていることと、それが社会科の勉強方法とは大きく違うことを言いました。

彼は黙って肯くだけで、何も反論しませんでした。

大リーグボール二号からラーンとスタディの違いを考える

昔、「巨人の星」という野球漫画がありました。覚えている人が多いと思います。その中で「大リーグボール二号」という消える魔球がありました。

その「大リーグボール二号」の秘密を見破ったのは、魔送球を考案した星一徹でした。

以下は、アニメで見た場面です。


星一徹が、大リーグボール二号の消える謎を中日ドラゴンズの選手に明かすところでした。実は、大リーグボール二号は、星一徹の魔送球を縦に変化させたものでした。そこまでは、花形満も気づきました。ところが、その後の秘密を花形は見抜けなかったのです。

では、星一徹と花形満は、どこが違ったのでしょう?

花形満は天才です。大リーグボール一号の後、星飛雄馬が短期間に新しい魔球を考案するには、何か秘密があるはず。それができるには、すでに身についている魔送球にちがいないと花形は考えました。

しかし、いかに天才花形といえども、自分が魔送球を投げられるわけではありません。そこが星一徹との違いです。

星一徹は、魔送球をスタディしました。つまり考案者なのです。学習者が自分自身で試行錯誤して開発・考案するのがスタディです。だからこそ「握り方を変えたら、魔送球は投げられない。それなら残りの二〇パーセントの消える秘密は、投球フォームにあるはずだ……」という考えに至りました。そこがスタディした考案者の強みです。

その一方、スタディにはリスクがあって、最悪の場合は何も成果が得られないということが起こりえます。円周率の発見を考えれば、そのところの事情は分かるでしょう。数学史の中で円周率をスタディして、それで一生をつぶした人が大勢いるのです。

星一徹も、結果として魔送球を考案・開発できましたが、もしできなかったら全くの時間の無駄になったかもしれないのです。それがスタディの恐さです。

それに対して、星飛雄馬は大リーグボール二号をラーンしました。つまり、試行錯誤する必要がなくて、父親の一徹の言うとおりの練習をして、身に付けたのです。スタディに比べたらラーンは効率的で無駄がないのです。

このラーンとスタディの違いは、時間を無駄にしないためにも全ての学習者が心にとどめておきたいことです。

もちろん、「巨人の星」は、漫画です。土煙でボールが見えなくなるようなら、その土煙は相当なものでしょう。というより、土煙が生じたときにはボールがキャッチャーミットに入っているでしょうから、まったく荒唐無稽な話です。

そういった非現実的かどうかという話とは別に、スタディした考案者と、その考案者から教わった人とは大きな違いがあるということです。

その違いは、スタディした人は、ラーンした人より理解が深いということです。星一徹は自分が試行錯誤したからこそ、大リーグボール二号の消える理由が「握りを変える」ことでは不可能で、別の理由、つまり星飛雄馬のフォームにあることに気づいたのです。

花形満は天才ではありましたが、魔送球を開発したわけではありません。その点が星一徹に及ばなかったわけです。

そういった事情で、指導者が教える際にスタディにするかラーンにするかは、常に迷わされます。

スタディとラーンの長所・短所

中学で「ピタゴラスの定理」を教わったでしょう。読者の方は、スタディで教わりましたか？　ラーンで教わりましたか？　どちらが効率的だと思いますか？

第一の指導法はスタディです。

中学生にコンパスを持参させます。そして、

「おーい、そのコンパスで三辺の長さがそれぞれ3センチ、4センチ、5センチの三角形を描け」

とやります。描き終わったら、それは直角三角形であることを確認します。そして三辺の長さを二乗すると、斜辺の二乗が他の辺の二乗の和に等しいことを気づかせます。そこで、

「これは、偶然だろうか？　必然だろうか？」

と中学生に問います。問われた中学生は、偶然か必然かは分かりません。そこで、

「それなら、どんな直角三角形でも、同じ事が言えるだろうか？」

と、さらに問います。中学生が根拠を持って答えられるはずがありません。

「じゃあ、各自が好きな直角三角形を描いて、同じようになるか調べてみよう」

そうやって、各自の描いた任意の直角三角形で確認した後、
なぜ、そうなるかを考えさせる……、
これがスタディです。生徒が自分で探求していきます。
※ただし、厳密な意味でのスタディではありません。なぜなら生徒は（最後には先生が答えを教えてくれる）と思っているからです。これが本当のスタディなら、答えが発見できるかどうか分からない不安な状態で学習を進めます。でも、実際は先生が必ず答えを教えてくれるという安心のもとで学習を進めています。ですが、ここでは生徒が自分で答えを探ろうとするので、スタディとします。

これに対してラーンは効率的です。

教師が、

「○ページを開いて……、今日は『ピタゴラスの定理』について勉強します」

そうやって、教師自身が、説明します。生徒は座って教師の説明を聞いていればいいわけです。


さて、この二つの指導法のどちらが効率的でしょうか？

スタディなら生徒が興味を持って取り組む事が考えられます。もちろん、中には（こんなことしないで、さっさと先生が教えてくれればいいじゃないか?）という不満を持ちながらしぶしぶコンパスを動かす生徒もいるかもしれません。また、時間がかかります。

それに対してラーンは無駄がありません。効率的です。それは星一徹と息子の飛雄馬を比較すればあきらかでしょう。

魔送球を開発するのに星一徹は膨大な時間をかけたと思われます。しかも、できるかどうかも分からない不安の中でそれをやりました。息子の飛雄馬は、「やれる」という確信のもと魔送球を学びました。父親が投げられるのですから、自分も練習すれば投げられるはずです。ですから飛雄馬の中に（ひょっとしたら、無理かもしれない）という不安はありません。実際、飛雄馬は、少年期に魔送球を完全に身に付け、あの長嶋茂雄に投げるという暴挙をやってしまいます。

そうやって考えていくと、中学生が教師の助言やヒント無しで「ピタゴラスの定理」を証明するなど無謀であることが分かるでしょう。

実際の数学の授業では、教師がタイミング良く示唆を与えながらピタゴラスの定理を証明していきます。そうすることで数学への興味・関心を高め、周囲の生徒と関わり合いながら答えを追及する楽しみを経験していくわけです。

それに対して塾や予備校ではラーンが中心でしょう。テストで高得点を取るのが目的ですから、当然そうなります。

スタディとラーンと、どちらが教育的か効果的か……、議論が分かれるところです。教諭は「指導方法を決定する権限」を持っていますから、常にどちらが効果的・効率的かを考えながら授業を進めます。

ただ、将棋に関してはアマ三段くらいまではラーンが中心で、そこから上のレベルになると徐々にスタディとドリルトレーニングが中心になっていくということです。

学習には、ラーンとスタディとドリルトレーニングがあります。学習者は自分のやっていることがこの三つのどれであるかを常に頭に入れておく必要があります。そして、同じ教材でも学習者のレベルによって、三つのどれになるかが違ってきます。

高校一年生の英語の教科書で考えてみます。

未知の単語がたくさんあり、それを辞書で調べていく、これはラーンです。それを高校三年生がすらすら繰り返し読む（頭の中で日本語に訳さないで英語のまま理解できるまでやる）なら、これはドリルトレーニングです。

また、辞書で調べて見ても、沢山ある訳語のどれが英文に合うか考えれば、それはスタディです。

ラーンだけで学習が終わるのは、理科や社会です。理科や社会にドリルトレーニングは必要ありません、時にスタディも可能ですが、時間がなければラーンだけの学習ができます。だからこそ短期間の学習で得点を稼げるのです。

でも英語の場合は三通りの学習があるので、中三がラーンで使う教科書を高三の受験生がドリルで使うということがありえるわけです。


先に述べた私の知人を思い出してください。古今の名局を六百局、丸ごと暗記し、

「少しも強くならなかった……」

と嘆いていました。何ということでしょう!

名局を丸暗記するのはラーンです。初心者の学習方法です。石の形や定石の手順を理解するまでの、だいたいアマ三~五段くらいの段階です。六段から先はスタディとドリルを中心にしないといけません。

名局を六百局も丸暗記したにもかかわらず少しも強くならなかったのは、アマ高段の彼の

やったことがラーンでもスタディでもドリルトレーニングでもなかった、つまり学習になっていなかったからです。学習が成立していないのですから、効果がないのは当然です。

何という悲喜劇でしょう！　彼は私の推定では二千〜三千時間を無駄にしました。学習方法を誤ると、こういうことがあるのです。そして、アマにはそういう例が多すぎます。

将棋や囲碁に限らず、何かを習っている人は、自分のやっている学習が「ラーン」「スタディ」「ドリルトレーニング」のどれに当たるかを常に考えないといけません。英会話でも、車の運転でもスポーツでも、三つのどれにも当たらないなら、学習が成立していないと考え、すぐに別の学習方法を考えるべきです。

短期間、囲碁・将棋の上達法

車の運転は五十時間で身に付くそうです

パソコンは百時間、英会話は二千時間、ピアノは一万時間だそうです。

なるほど……、そんなものかもしれません。

では、将棋や囲碁はどうでしょう？

何時間勉強したらアマ三段になれるのでしょう。五段は？

そういう話がありません。まず、この問題を明らかにすることから始めないといけません。

仮にの話ですが、一〇〇時間で初段、二〇〇時間で三段、五〇〇時間でアマ高段者ではないでしょうか。

先日、NHKの将棋講座を見ていたら、森鶏《けいじ》二九段の「我が棋士人生」という内容が放映されていました。なんと、森鶏二九段は、十六歳で将棋を覚え、一年後に奨励会（プロ養成期間）に入り、二十一歳でプロデビュー（四段）になったというのです。

そうすると、だいたいですが五〇〇〜七〇〇時間くらいでアマ高段者になったということになりそうです。

私には、森九段が天才かどうかを判断する能力がありません。しかし、こういうことがあったときに、「天才」の一言で片付けてしまうと、

（やはり才能か……）

と一般の方々が諦めてしまいます。

私は教員ですから、子どもたちに

「大事なのは努力よりも工夫だ。ついつい努力が大事だと思ってしまうが、工夫のない努力

は無駄になる可能性があるんだ。世界のトップを争うならまだしも、才能や努力なんか君たちのレベルでは関係ない」

と言ってしまいます。

人間に持って生まれた才能の差があることは認めます。でも、その差はごく僅かで、たいていは学習の仕方に問題があるものです。

以下は、囲碁・将棋の学習をラーンとスタディとドリルトレーニングに分けた学習について述べます。ですが、レジャーで囲碁・将棋をやっている人、つまり上達のために努力や工夫をする気のない人は対象外です。あくまで「もっと強くなるために」努力や工夫をする意志のある人だけが対象です。

さて、ラーンは、知識・理解をどんどん吸収する段階です。ですから将棋でいうなら駒の動かし方とか駒組みとか、「矢倉囲い」「美濃囲い」とかのパターンを覚えることが優先します。この段階では学習者に疑問や質問はありません。よく、ラーンの段階で、

「質問はありませんか？」

と言って、質問の出ない白けた指導を見ますが、ラーンの段階で質問が出るのはおかしい

のです。

次はスタディです。

スタディは、教材の選定が重要です。研究・探求することですから、易しすぎても難しすぎてもいけません。そういう教材を選定するのは、普通は非常に難しいのですが、将棋や囲碁ではこれが簡単に入手できます。

それは「自分が負けた棋譜」です。自分の棋譜は、自分にとって易しすぎず難しすぎず、ちょうどよい教材です。

本屋に行くと、いろいろな棋書が売っています。その中から「最も自分に適した一冊」というのは、将棋や囲碁の定跡（定石）書ではありません。囲碁・将棋に関する限り、学習者に最も適した教材は「自分の負けた棋譜」なのです。

これは第一章でも述べたことですが、将棋や囲碁の学習法は作文の上達法とそっくりなのです。

あるアマが呉《ご》清源《せいげん》九段（故人）に、誰の碁を一番並べたか（勉強したか）と聞きました。すると
「自分の碁です」

という答えが返ってきたそうです。質問した人は秀策とか道策という先哲を予想していたようです。予想外の答えだったでしょうが、当然の答えです。

自分の棋譜を研究するのは、プロは必ずやっています。そして、これが囲碁・将棋の最も効果的な学習方法です。これだけで上達すると言っても過言ではありません。なぜか？

第一に、「自分のこと」として受けとめられるからです。
第二に、「半知性」があることです。
第三に、「自分のミスに自分で気づく」からです。
第四に、ラーンとスタディとドリルトレーニングが全て入っているからです。
第五に、序盤・中盤・終盤の全てが入っている統合的学習だからです。
第六に、学習意欲を維持できます。

第一の点については第一章で述べました。

昔から、多くのプロ棋士が「自分の棋譜」を研究することを推奨していますが、なぜその勉強が効果的なのかが、明らかにされませんでした。その理由は、自分のこととして受けととめられるからです。

第二の点については次章で述べます。

第三〜五については説明の必要がないでしょう。

第六について述べます。

人間は認識が変わらないと進歩しません。

「そうか、そうだったのか！」

これがないと、学習になっていないのです。そして、「そうか、そうだったのか！」が一番あるのが自分の棋譜の振り返りなのです。

皆さんの周囲に、

「もうこれ以上強くなれない」と思い込んでいる人がいるでしょう。私の周りにもいます。困った人たちです。そういう人たちに共通しているのは、棋譜を取らないことです。棋譜を取って、時間をおいて並べれば、必ず「まだまだ強くなれる」ことを実感するはずです。

読者の中には囲碁・将棋が強くなりたいから本書を手に取った人もいるでしょう。騙す気はありませんが、騙されたつもりで自分の棋譜を取ってみてください。

一年前の棋譜は「見るのもイヤ」になります。その後に必ず意欲が湧いてきます。

学習者にとって最大の敵は「意欲を失う」ことです。教師をやっていると、意欲のない子に教えるのは大変であることをよく経験します。アマはみんな独学です。尻を叩いてくれる人がいません。だから意欲を維持するのがけっこう大変なのです。それを支えてくれるのは自分の棋譜です。並べれば必ず、

「なんでこんな手を打ったんだあ？」

「なんでこんなヘボに負けるんだ？」

という思いが生じて、次への意欲が湧いてきます。

（もう上達できない……）

と諦めている全国のアマ棋客の皆さん、まだまだ上達できますよ。

鳥影社出版案内

2019

イラスト／奥村かよこ

choeisha
文藝・学術出版 鳥影社
〒160-0023 東京都新宿区西新宿 3-5-12 トーカン新宿 7F
TEL 03-5948-6470 FAX 03-5948-6471（東京営業所）
〒392-0012 長野県諏訪市四賀 229-1（本社・編集室）
TEL 0266-53-2903 FAX 0266-58-6771 郵便振替 00190-6-88230
ホームページ www.choeisha.com メール order@choeisha.com
お求めはお近くの書店または弊社（03-5948-6470）へ
弊社への注文は 1 冊から送料無料にてお届けいたします

＊新刊・話題作

地蔵千年、花百年
柴田 翔（読売新聞・サンデー毎日で紹介）

芥川賞受賞『されど われらが日々――』から約半世紀。約30年ぶりの新作長編小説。戦後からの時空と永遠を描く。 1800円

老兵は死なず マッカーサーの生涯
ジェフリー・ペレット／林 義勝他訳

かつて日本に君臨した唯一のアメリカ人、生まれから大統領選挑戦にいたる知られざる全貌の決定版・1200頁。 5800円

新訳金瓶梅（全三巻予定）
田中智行訳（朝日・中日新聞他で紹介）

三国志などと並び四大奇書の一つとされる金瓶梅。そのイメージを刷新する翻訳に挑んだ意欲作。詳細な訳註も。 3500円

『新文体作法』序説 ―ゴーゴリ『肖像画』を例に―
齋藤紘一

概念「ある」をもとに日本語の成り立ちを解明する文法書。実践編としてゴーゴリ『肖像画』を収録。 1800円

東西を繋ぐ白い道
森 和朗（元NHKチーフプロデューサー）

原始仏教からトランプ・カオスまで。宗教も政治も一筋の道に流れ込む壮大な歴史のドラマ。世界が直面する二河白道。 2200円

低線量放射線の脅威
J・グールド、B・ゴールドマン／今井清一・今井良一訳

低線量放射線と心疾患、ガン、感染症による死亡率がどのようにかかわるのかを膨大なデータをもとに明らかにする。 1900円

シングルトン
エリック・クライネンバーグ／白川貴子訳

一人で暮らす「シングルトン」が世界中で急上昇。このセンセーショナルな現実を検証する欧米有力誌で絶賛された衝撃の書。 1800円

詩に映るゲーテの生涯
柴田 翔

ゲーテの人生をその詩から読み解いた幻の名著の復活。ゲーテ研究・翻訳の第一人者柴田翔によるゲーテ論の集大成的作品。 1800円

改訂版 **文明のサスティナビリティ** 野田正治
枯渇する化石燃料に頼らず、社会を動かすエネルギーを生み出すことの出来る社会を考える。 1800円

スマホ汚染 新型複合汚染の真実 古庄弘枝
放射線（スマホの電波）、神経を狂わすネオニコチノイド系農薬、遺伝子組換食品等から身を守る。 1600円

インディアンにならなイカ!? 太田幸昌
先住民の島に住みついて、倒壊寸前のホステルで孤軍奮闘。自然と人間の仰天エピソード。 1300円

愛知ふるさと素描 河村アキラ
『名古屋ふるさと素描』に、新たに40枚を追加。愛知県内各地に残されたニッポンの消えゆく庶民の原風景を描く。1800円

純文学宣言
季刊文科25～78（61より各1500円）
〈編集委員〉青木健、伊藤氏貴、勝又浩、佐藤洋二郎
富岡幸一郎、中沢けい、松本徹、津村節子
【文学の本質を次世代に伝え、かつ純文学の孤塁を守りつつ、文学の復権を目指す文芸誌】

＊価格はすべて税別、本体価格です。

＊翻訳その他

ドリーム・マシーン
悪名高きV-22オスプレイの知られざる歴史
リチャード・ウィッテル／影本賢治 訳

ディドロの思想を自然哲学的分野と美学的分野に分けて考察を進め、二つの分野の複合性を明らかにしてその融合をめざす。　3800円

アルザスワイン街道
―お気に入りの蔵をめぐる旅―
森本育子（2刷）

アルザスを知らないなんて！　フランスの魅力はなんといっても豊かな地方のバリエーションにつきる。　1800円

ヨーロピアンアンティーク大百科
英国・リージェント美術アカデミー 編／白須賀元樹 訳

英国オークションハウスの老舗サザビーズのエキスパートたちがアンティークのノウハウをすべて公開。　5715円

ふわふわさんとチクチクさんのポケット心理学
心豊かに生きるための40のレシピ
小林雅美

ポケットに入るぐらい気楽な心理学誕生。人生を切り開く「交流分析」を40のレシピとしてわかりやすく解説。　1600円

中世ラテン語動物叙事詩 イセングリムス
―狼と狐の物語―
丑田弘忍 訳

封建制とキリスト教との桎梏のもとで中世ヨーロッパ人を活写、聖職者をはじめ支配階級を鋭く諷刺。本邦初訳。　2800円

ディドロ 自然と藝術
冨田和男

ディドロの思想を自然哲学的分野と美学的分野に分けて考察を進め、二つの分野の複合性を明らかにしてその融合をめざす。　3800円

ダークサイド・オブ・ザ・ムーン
マルティン・ズーター／相田かずき 訳

世界を熱狂させたピンク・フロイドの魂がここに甦る。ドイツ人気No.1俳優M・ブライプトロイ主演映画原作小説。　1600円

フランス・イタリア紀行
トバイアス・スモレット／根岸 彰 訳

十八世紀欧州社会と当時のグランドツアーの実態を描き、米国旅行誌が史上最良の旅行書の一冊に選定。発刊から250年、待望の完訳。　2800円

ヨーゼフ・ロート小説集
平田達治
佐藤康彦 訳

第一巻　優等生、バルバラ、立身出世
　サヴォイホテル、曇った鏡 他
第二巻　ヨブ・ある平凡な男のロマン
　タラバス・この世の客
第三巻　殺人者の告白、偽りの分銅・計量検査官の物語、美の勝利
第四巻　皇帝廟、千二夜物語、レヴィアタン（珊瑚商人譚）
別　巻　ラデツキー行進曲（2600円）
四六判・上製／平均480頁　3700円

ローベルト・ヴァルザー作品集
新本史斉／若林恵／F・ヒンターエーダー＝エムデ 訳

カフカ、ベンヤミン、ムージルから現代作家にいたるまで大きな影響をあたえる。

1　タンナー兄弟姉妹
2　助手
3　長編小説と散文集
4　散文小品集Ⅰ
5　盗賊／散文小品集Ⅱ

四六判、上製／各巻2600円

連邦陸軍電信隊の南北戦争 ITが救ったアメリカの危機
松田裕之

南北戦争を制した影の英雄・連邦陸軍電信隊。リンカーンを支えた特殊部隊の近代的情報戦の真実が甦る。1700円

虚構の蘇我・聖徳 我は聖徳太子として蘇る
野田正治（建築家）

蘇我馬子が飛鳥寺を建立したのではなく厩戸皇子が四天王寺を建立したのではない　1800円

桃山の美濃古陶 古田織部の美
西村克也／久野 治

古田織部の指導で誕生した美濃古陶の未発表の伝世作品の逸品約90点をカラーで紹介。桃山茶陶歴史年表、茶人列伝も収録。3600円

剣客斎藤弥九郎伝
木村紀八郎（二刷）

幕末激動の世を最後の剣客が奔る。その知られざる生涯を描く、はじめての本格評伝！　1900円

千少庵茶室大図解
長尾 晃（美術研究・建築家）

利休・織部・遠州好みの真相とは？　国宝茶室「待庵」は、本当に千利休作なのか？　不遇の天才茶人の実像に迫る。2200円

秀吉の忠臣 **田中吉政とその時代**
田中建彦・充恵

優れた行政官として秀吉を支え続けた田中吉政の生涯を掘りおこす。カバー肖像は著者の田中家に伝わる。1600円

天皇家の卑弥呼 誰も気づかなかった三世紀の日本
深田浩市（三刷）

倭国大乱は皇位継承戦争だった!!　日本書紀や魏志倭人伝、伝承、科学調査等から卑弥呼擁立の真の理由が明らかになる。1500円

西行 わが心の行方
松本 徹（毎日新聞書評で紹介）

季刊文科で「物語のトポス西行随歩」として十五回にわたり連載された西行ゆかりの地を巡り論じた評論的随筆作品。1600円

浦賀与力中島三郎助伝 木村紀八郎
幕末という岐路に先見と至誠をもって生き抜いた最後の武士の初の本格評伝。2200円

軍艦奉行木村摂津守伝 木村紀八郎
若くして名利を求めず隠居、福沢諭吉が終生敬愛したというサムライの生涯。2200円

南の悪魔フェリッペ二世 伊東 章
スペインの世紀といわれる百年が世界のすべてを変えた。黄金世紀の虚実1　1900円

不滅の帝王カルロス五世 伊東 章
世界のグローバル化に警鐘。平和を望んだ偉大な帝王が続けた戦争。黄金世紀の虚実2　1900円

フランク人の事蹟 第一回十字軍年代記
丑田弘忍訳　第一次十字軍に実際に参加した三人の年代記作家による異なる視点の記録。2800円

大村益次郎伝 木村紀八郎
長州征討、戊辰戦争で長州軍を率いて幕府軍を撃破した天才軍略家の生涯を描く。2200円

新版 日蓮の思想と生涯 須田晴夫
日蓮が生きた時代状況と、思想の展開を総合的に考察。日蓮仏法の案内書！　3500円

古事記新解釈 南九州方言で読み解く神代
飯野武夫／飯野布志夫 編　『古事記』上巻は南九州の方言で読み解ける。4800円

第四章　ワクワク感のない学習はするな

教材には「半知性」が必要

「半知性」、聞き慣れない言葉でしょう。知性が半分しかない……、という失礼な意味ではありません。半分知っていて、半分知らない、という意味です。

人間は、全く知らないことには興味が起きません。また、知り尽くしてしまったら興味が持てなくなります。興味があるのは、ある程度は知っていて、それ以上は知らないことです。

異性に惹かれることを考えれば、理解できるでしょう。異性に関心があるのは、相手に半知性があるからです。結婚して全てを知ってしまうと、たちまち相手に興味をなくしてしまいます。

結婚願望のある方にとっては失望させてしまうかもしれませんが、夫が最も「興味のない女」は自分の妻です。逆に、妻が「最も興味のない男」は夫なのです。だからこそ、夫婦で共通の趣味を持つとか、子育てで協力し合うとかしないと……離婚ということになるのです。

本書は夫婦円満の秘訣を説くのが目的ではないので、このへんで止めますが、なぜ学習には「半知性」が必要か、分かってもらえると思います。学習を興味深く進めるには、この「半知性」が必要になるのです。

※私は「半知性」を夫婦関係とからませて説明しました。これは次章で触れる「知識の再体系化」の一種です。自分の主張を理解・納得してもらうときには、この知識の再体系化が有効です。

そういう理由で、興味深く勉強を進めるには学習教材の中に「半知性」があることが必要になってきます。

英語の学習で考えてみましょう。

よく、中学教科書を繰り返し音読すれば十分、という主張があります。その一方で、中学の教科書は不自然でよくない、という言い分もあり、双方に一理ありそうです。

「半知性」という視点からこの問題を考えてみます。

文法とか英語に慣れるという意味では、中学校の教科書程度で十分でしょう。しかし、書かれてある内容が不自然です。

This is a pen.

などは文法としては間違っていませんが、実際の生活の中では使いません。これでは、中学生にとっても、「いい年の大人」にとってももの足りません。書かれてある内容がつまらないのです。とても繰り返し読む気にはなりません。どうせ繰り返し音読するなら「歴史に残る演説」みたいに、内容そのものが学習者にとって興味深いものが適当でしょう。

「つまらない内容でも、文法や語彙は十分なのだから、それで我慢すべきだ」という主張と「楽しくないと続かない」という主張とあります。

日本人は、「つまらない勉強でも我慢してやることが大事」という考えが伝統的にあるように思います。私も、ある程度はそれを認めます。

しかし、そこに落とし穴があります。

自己有効感が必要

青山学院大学が箱根駅伝で連続優勝し、全国の駅伝ファンを驚愕させました。厳しい練習は当然ですが、原晋監督は「〇〇大作戦」と称して、ワクワク感のある練習を楽しくやるようにしています。

ワクワク感は、学習意欲を維持・継続させるのに必要です。そして何にワクワクするかは個人差が大きく違います。

極端な例では、学級で「席替え」をしたら、たまたま好きな女の子の隣になって、急に張り切りだして成績が上がったという例があります。これなどは学習内容や教師の指導の工夫とは全く関係のない理由ですが、広い意味ではワクワク感の中に入れてもよいわけです。

また、計算ドリルをやっているうちに、だんだんと速くできるようになって、それが楽しくなってきた、という例もあります。

つっかえつっかえ弾いていたピアノが少しずつ滑らかに弾けるようになり、全部そらで弾けるようになると楽しいものです。

また、「巨人の星」を例にとって考えてみます。

星一徹が、青雲高校野球部の監督に就任しました。そこで真っ先にやった練習を覚えている読者もいると思います。

星監督は、息子の飛雄馬をマウンドの少し後方から投げさせます。その速球にバッターは空振りします。

すると、伴宙太は初めてバッターが振っても飛雄馬の速球を捕れたのです。意外な結果に伴宙太は驚いて、

「捕れた！　星がそこから投げてくれると、バッターが振っても捕れるぜ！」と大喜びします。これが自己有効感です。（このやり方なら、上手くいくぞ）という感覚です。

そのとき伴宙太は見通しを持ったのです。星飛雄馬がマウンド後方から投げて、その距離を少しずつ短くしていけば、そのうちに定位置から投げても捕れるようになるはずだ……、そういう自分に必要な技術を獲得する学習方法を知ったのです。

バッターはどうでしょう。星一徹が、

「キャッチャーはそれでいいが、バッター、意気地がないぞ。もっとバットを短く持って、振りを鋭く！」

と指導します。すると、今度はファウルチップします。そこで、

「ようし当たる！　そのこつだ」

そうやって星監督は、打てないバッターを叱責するとともにワンポイントアドバイスもします。

「意気地がないぞ！」と言うだけではいけません。叱責したからには必ず次に具体的な指導が必要です。具体的・効果的な指導をしないで、叱責だけをしてはいけません。上手くなったところを評価し、バッターに自信を持たせます。それから、

「その位置からでも、星（飛雄馬）の球が打てれば、たいていの高校投手は打ち崩せる」と見通しを持たせます。

こういうのを「到達目標と達成目標の一致」と言います。

到達目標と達成目標の一致が大切

一般の方は「目標」という言葉に抵抗を感じることがあまりないでしょう。でも教員稼業を長年やっていると、目標という抽象的な言葉は漠然としていて分かりにくく感じます。そこで、到達目標と達成目標という言葉に使い分けます。そして、到達目標と達成目標が一致することを重視します。

到達目標と達成目標が一致する……、これはものすごく大事なことです。学習者にとってこれほど大事なことはないと言っても過言ではありません。それは星一徹の指導を考えれば明らかでしょう。

到達目標とは、学習者が学習を続けた結果で、どのレベルまで到達するかという目標です。

「（高校野球で）甲子園に出られるだけの打撃力をつける」

「東大に入れるだけの受験学力をつける」

「百メートルを十二秒で走る」

こういうのを到達目標と言います。学習の結果、どれだけの力が身につくかということです。


したがって、ただ（将棋が強くなりたい）と漠然と願うのは到達目標とは言えません。具体的に「県代表クラスになりたい」「プロの初二段程度になりたい」「近所のオッサン（アマ五段）に勝てるようになりたい」という明確な目標が到達目標です。


それに対して達成目標とは、学習課題をどの程度やりとげるかということです。

「腕立て伏せを毎日百回やって、三ヵ月続ける」

「この問題集を今月中に三回やる」

「五十メートルダッシュを毎日十回やる」

こういうのを達成目標と言います。そして、この達成目標が到達目標と一致しているかどうかが大事で、これがないと学習者はやる気になりません。

再び、星一徹の指導を考えます。

「（マウンド後方から投げる）星飛雄馬の球を地区予選開始までに打てるようにする」

これが達成目標です。そして、

「そうなれば、たいていの高校投手は打ち崩せる。（レベルに到達する）」

これが到達目標です。

どうです？　星一徹の指導は到達目標と達成目標が見事に一致しています。これは、本当に素晴らしい指導です。学習者は、こういう指導を受けるとやる気になります。

手順を説明すると、

叱責する（「バッター、意気地がないぞ！」と駄目なことは、はっきり駄目と言う）

←

その日のうちに成果の出るワンポイントアドバイスをする

←

（「もっとバットを短く持って、振りを鋭く！」）

←

身についた技術を誉めて評価する（「ようし当たる！　そのコツだ」）

←

到達目標と達成目標を学習者に知らせる
（「その距離からでも星の球が打てれば、たいていの高校投手は打ち崩せる」）
←
学習者は、自己有効感を持つ（ワクワク感を持つ）
←
さらにやる気（学習意欲）が出てくる。

どうです？

星一徹の天才度が分かるでしょう。彼は架空の人物ですが、指導者が心得るべきものを持っています。「巨人の星」は、単なる野球漫画ではなく、指導者の心得書として読むこともできます。


学習者は「この練習なら上手になれるぞ」という自己有効感がないと、意欲が継続しないものです。東大を目指す受験生は、

「この参考書を夏休みまでに三回やれば……」

とか、

「この問題集を二時間以内にスラスラできれば……」

というアドバイスをもらうことが大事です。「東大に入る」という到達目標と「この問題集を夏休みまでに三回」という達成目標が一致することが大切です。その一致がないと、どうしていいか分かりません。それが分からないで右往左往している受験生に向かって、

「勉強しなさい」

と繰り返す母親がいます。それを見ていて、

「放っておけ、困るのは本人なんだ」

と言う父親。

母親の反論は、

「困らせたくないから言ってるんじゃないですか！」

そのやり取りを聞いて、うんざりする受験生……。

そういう家庭が日本にたくさんあるのではないでしょうか。

星一徹のような優秀な指導者を得ることが大事なのです。

しかし、そうはいっても星一徹のような優秀な指導者に巡り会う幸運は、なかなかありません。そこで、自分に合った教材の選び方について説明します。

もし、参考書や問題集に中に半知性があって、受験生の興味をそそれば、さらに学習効果

が上がります。そこで考えるのが「内容的価値」です。

教材には「内容的価値」と「教材的価値」がある

参考書、問題集、スポーツ選手のＤＶＤ……。これらはすべて「学習教材」と呼ばれます。その言葉の意味は容易に理解できるでしょう。

しかし、学習教材に「内容的価値」と「教材的価値」があることは、一般の方にはあまり知られていないのではないでしょうか？　具体的には次のようなことです。

私がトランペットの練習をしていました。ベートーベンの〝第九〟です。ミミファソ〜ソファミレ……と練習します。すると聴いた人が、

「へえ〜、有田先生は、トランペットもやるんですか？」

と多芸であるかのような尊敬の目で見てくれます。もちろん、それは錯覚です。もしこれが〝チューリップ〟だったら、同じように尊敬の目で見てくれるでしょうか？

ドレミ〜ドレミ〜（咲いた〜咲いた〜）……、ソミレドレミレ〜（チューリップの花が〜）……。これだと聴いた人は、

（幼稚な曲をやっているなあ……）

とバカにするかもしれません。これは二つの曲の内容的価値が違うからです。

ベートーベンの〝第九〟は、名曲中の名曲です。それに対して〝チューリップ〟は、小学校一年生の曲で、世界的には全く知られていないと言っていいでしょう。どうせ練習するなら名曲のほうがいいに決まっています。つまり、

・歴史的に重要かどうか
・有名かどうか
・学習者の興味に合っているかどうか

これが内容的価値です。学習者が内容そのものに価値を見出すのです。学習教材を選ぶとき、この内容的価値は軽視できません。

では、教材的価値とは何でしょう？

トランペットは「ソ」から練習します。「ソ」が一番出やすいのです。それから下に進んで「ファ」の練習をします。そうして、「ソ」↓「ファ」↓「ミ」↓「レ」↓「ド」が出せ

るようになって、初めて「ラ」の練習をするのが順序です。「ソ」の音を出せないうちに「ラ」を出すことはできません。

すると〝第九〟も〝チューリップ〟も教材的価値は、ほとんど違わないことが分かります。どちらも「ラ」がなく、ソファミレドだけで吹けるからです。

つまり、教材的価値とは、

・その教材で身に付ける知識や技等が、学習者のレベルに合っているかどうか

それだけを問題にします。学習者の興味・関心や歴史的価値は取り上げません。これが「内容的価値」と「教材的価値」の違いです。

初心者にとって〝第九〟も〝チューリップ〟の教材的価値はそれほど違わないのですから、内容的価値、つまり有名ということを重視してよいのです。学習者が演奏する曲を気に入っているというのは大切なことです。

そのところの事情を知らない人は、曲が有名かどうかだけでついつい判断してしまうものです。

ですから教材を選ぶときは、教材的価値を優先させながら内容的価値も考慮することが必

要になってきます。

「好きこそ物の上手なれ」

これは至言です。しかし、この諺の意味は、上達には内容的価値という情緒面が軽視できないという意味であって、必ずしも嫌いな勉強はしなくていいという単純な意味ではないでしょう。興味のないことでも何かのきっかけで好きになることもありえるのですから、半知性から学習者を刺激して好きになるようにもっていくのが望ましいことは言うまでもありません。

別の言い方をすると、指導者は、論理的な理解・思考という知的な面だけでは十分でないことを理解し、内容的価値も考えて情緒的な反応が学習者の中に生じるような工夫をすべきということです。

そうはいっても現状は厳しく、教科や学習者によっては、どうしても学習者の情緒面を無視しなければいけないこともあります。国語と英語で比較してみます。

中学一年生の国語で「走れメロス」を学習します。その友情をあつかう内容は中学一年生の心情に合っています。

しかし、同じ中学一年が英語の時間に、

This is a pen.

と学習しても、そこには友情も信頼も何もありません。情緒的には全く無味乾燥です。これは仕方ありません。英語で「走れメロス」を読めるようになるまでは、つまらない文法や語彙を増やすことを地道に積み上げてもらうしかありません。ただし学習者の中に、（はやく原書で読めるようになりたいな……）という情緒的な願望はあったほうがいいことは言うまでもありません。そのためには英語の先生自身が原書で読めて、中学生の憧れの存在になることは、たいへん大事なことです。

また、子どもの知的レベルを上げたり知的好奇心を刺激したりすることも、とても大切です。

家族でバラエティ番組ばかり観ていると、中学生や高校生になったときに教材の内容的価値と本人の興味が合わなくて困るということが起きかねません。「つまらない……」と感じてしまうのです。ですから、ときには教養番組を観て、子どもの知的好奇心を刺激するとか、高めるということも大切になってきます。

ところが、最近は帰宅した父親が子どもと一緒にゲームに夢中になるという家庭が珍しくありません。それで、親子関係が上手くいっている……、と思い込んでいますが、それだと学力の向上にいずれツケが回ってきます。

実際、中高生で世界史や生物等を勉強するときに、記憶力や理解力があっても「興味がない」ために、本人が授業をつまらなく感じてしまうことがあるものです。ですから小学生の高学年あたりから少しずつ視野を広げていろいろなことに興味を持たせることも重要になってきます。

「楽しく学習する……」

口で言うのは簡単ですが、なかなかできることではありません。教師が工夫・努力さえすれば子どもが楽しく学習すると思い込んでいる人もいますが、現実はそうではありません。冷暖房の効いた部屋でゲームばかりやっている享楽的な子どもに育ててしまったら、知的好奇心を刺激しようとしても、なかなか授業に「乗ってこない」ことがあります。私が担任した子で、

「ゲームしか興味ない」

という子がいました。不登校になりましたが、どうすることもできませんでした。

ゴールからイメージする大切さ

「ゴールからイメージする」とは抽象的な表現ですが、要するに「何ができるようになればいいのか？」それが分かるということです。

私は、

（勉強しなきゃいけない……）

という気持ちがありながら、何から手をつけていいか分からずに手をこまねいていて、結局は何も勉強しない中高生を何人も見てきました。

あるスポーツ番組で、西本聖《たかし》という元プロ野球投手が入団当時のことを語っていました。有名な選手なので覚えている人も多いと思います。

プロ野球に不案内な私は、後年の彼の活躍を見て、入団当時からエース級の選手と勝手に思いこんでいました。ところが、その放送番組を見て認識を改めました。

西本聖氏は、初めて一軍投手のピッチングを目の当たりにしたときのことを、

「全然、違うんですね。球の速さ、球のキレ、変化球の多彩さ……。全然違うんですね。

（やっていけるのかな……）と思いましたね」

と入団当時の不安をしみじみと語っていました。

引退後の放映でした。

でも私に言わせれば、西本氏は、そこで「ゴールからイメージする」ことができたのです。それはとても大事なことです。具体的には
（あの速球が投げられれば、自分も一軍登録できるな……）

（あの球のキレがあれば、自分もローテーション入りできるな）

（あの変化球が投げられれば、自分も十勝できそうだな……）

等の見通しを持てたはずです。

これは、先ほど述べた青雲高校野球部と似ているでしょう。

マウンド後方から投げる星飛雄馬の球をファウルチップしながらも、

（この球を打てれば、たいていの高校投手は打ち崩せる……）

と見通しをもちました。

伴宙太も、

（この練習を続ければ、星の球を捕れるようになる……）

という見通しを持つことができました。

このように、スポーツはゴールをイメージしやすいのです。

「あれができれば、自分もスタメンに入れる……」そういう見通しを持ちやすいのです。


それ対し、将棋では、どうでしょう？

アマが藤井聡太の「４八銀」を見て、

（そうか……、オレも４八銀とやれば、藤井聡太のようにプロの将棋指しになれるな……）と思う人はいません。４八銀に至るまで思考や、その後の数千の変化をイメージできないで４八銀だけ覚えても何にもなりません。つまりスポーツと将棋とでは、「ゴールのイメージ」の描き方や把握の仕方が違うのです。


この「ゴールをイメージする」ということに関して、受験勉強はもっと深刻だと思います。私自身が、そうでした。日本の多くの受験生が悩んでいることと思います。

私の出身高校の先生はひどいものでした。何がひどいのかというと、

「勉強しろ」

「勉強しろ」

と繰り返すだけなのです。これでは指導になっていません。具体的に、

「八月までのこの参考書を二回、読め」

とか、

「夏休み中に、この問題集を三回やれ、そうすれば○○大学は軽く入れる」

とか、そういう「ゴール（合格）までのイメージ」が持てる具体的な指導をしなければいけません。それをやらないで「頑張れ」「勉強しろ」と言うのでは、指導者とは言えません。

そんなのは野球の打撃コーチが、

「練習しろ」

「練習しろ」

と繰り返すようなものです。もちろん、そんなコーチはいません。肘をどうしろとか、グリップの位置をどうするかとか具体的に指導するでしょう。「勉強しろ」とか「頑張れ」というのはファンや家族の言うことで、指導者の言うことではありません。


人間は、何をどのくらいやれば、どういう成果が得られるかが明確に分かれば、それなりにやる気を出せるものです。いつ成果が現れるか分からない、できるかどうかも分からない、努力しても無駄になるかもしれない……、そういう状況で必死に目標に向かって頑張れ

るのは星一徹くらいなのです。しかも、肩を壊した彼が巨人の一軍選手として生き残るには、どうしても何かの魔球を考案する必要もあったのです。受験生に「つまらない勉強の継続」を強制するのは知的拷問と言ってもいいかもしれません。

受験勉強は、円周率を探求するようなスタディではありません。円周率なら、追究すること自体が楽しいということがあります。誰もやったことのないことを世界で最初に発見したいという功名心や欲求にも支えられます。でも、受験勉強にはそういう学習意欲を持続されるプラス要素がないのです。

だから受験生には、自分に合った学習プログラムが必要なのです。

東大に入れた人は、そういう学習プログラムを手に入れた人です。それを特別に頭がいいとか、勤勉と考えるのは誤りです。受験学力の低い人を、頭が悪いとか怠け者と考えるのも多くは誤りです。自分に適した学習プログラムを手に入れることができたかどうかの差です。だから、受験生にも優秀な指導者が必要なのです。

読者の中に受験生がいて、東大を目指しているとします。真っ先にやることは何でしょう？

まず東大に合格した人に直接会って、その雰囲気やオーラを感じ取ることです。そして、その合格者から、どんな問題集を夏休みまでに何回やったとか、どんな参考書を何月までに読了したとか、何月の模擬テストで何点とったとか、そういう情報を得ることです。そして、その情報に合わせて試験当日までの学習プログラムを作ることです。そういう学習プログラムなしに闇雲に勉強してもなかなか受験学力は向上しません。やる気も維持できません。

私の知っている人で大学受験に失敗した浪人生がいました。彼を見ていると「ゴールをイメージする大切さ」をつくづくと思いました。

彼には（勉強しなきゃいけない……）という気持ちはあるのですが、何から始めて良いか分からないのです。「どんな参考書や問題集」を「いつまでに」「どの程度」やればいいか分からないのです。それが分からなくて、何をしていいか分からなくて……、それで東京ドームに巨人戦を観に行ってしまうのです。

周囲から見れば「怠け者」のように思えます。親の立場からすれば、つい、

「勉強しなさい！　何ですか？　巨人戦なんか観ている場合ですか？」

と言いたくなります。でもそれではいけません。勉強しなければいけないことは本人も分かっているのです。でも、「何から始めればいいか分からない」状態なのです。

そういう受験生には目指す大学に合格した先輩から具体的なアドバイスを受ける事が大切です。受験校、進学校と言われる高校は、そういう過去のデータや成功体験のある先輩がたくさんいます。周囲からの励ましや助言もたくさん得られます。それが受験に有利になると思うからこそ進学校を目指すのです。

よく、一流大学（私の嫌いな言葉で、できれば使いたくないのですが、ここではやむを得ず使います）を出たエリート（と本人が思い込んでいる）が、入社した後、所属する部署で新しいプロジェクトを立ち上げようとすると、

「あっ、主任。それっ、無理っすよう〜」

と言って、無理な理由を蕩々と話すことがあるそうです。

彼等は、「ゴールからイメージする学習」を効率的にやってきたのです。この勉強を何ヵ月やれば○○大学に入れる、という見通しの持てる学習だけを集中的にやってきました。そういう人たちが企業に入って「見通しのないプロジェクト（スタディ）」に拒否反応を示してしまうのは当然と言えます。

そんな見通しのない状態でも頑張り通せたから、本田宗一郎は凄いのです。

本田宗一郎に、

「やってみもせんで、何が分かる！」

と怒鳴られた社員が大勢いるそうです。でもホンダに入社した人なら受験学力は高かったはずです。その優秀な人が、

「あのう……、社長……。それ、やっぱ無理じゃないですかね……」

みたいなことを言うと、本田宗一郎に、

「やってみもせんで、何が分かる！」

と怒鳴られるわけです。

なぜか？

彼等は小中高とラーン中心の見通しの持てる学習だけをしてきたからです。

本田宗一郎のやってきたことは、全てスタディです。成果があるかどうか分からない「未知への挑戦」です。受験勉強とはまったく質の違う勉強なのです。いいえ、勉強ではなく探求です。

企業が一流大学を出た人を、

（つまらない勉強を一生懸命にやってきたから、つまらない仕事を押しつけても一生懸命にやってくれるだろう……）

そう考えるのはあながち間違っているとも思いませんが、あまり期待し過ぎると期待はずれになります。

なぜなら彼等は「ゴールからイメージする学習」を中心にやってきたからです。この参考書をやれば、二ヵ月後には○○大学に入れる（受験）学力がつく、そういう見通しのある学習を中心にやってきたのです。星一徹や本田宗一郎のように、「未知への挑戦」などやったことがないのです。

つまらない仕事を押しつけても、それに耐えて最後までやろうとするのは、むしろ体育会系です。だから体育会系は就職口があるのです。

少し余談になります。

大まかな数値ですが、東大に入る人の六〇パーセントは東京都内の出身者で、卒業した人の七〇パーセントは都内に就職します。大まかですが、昔からあまり変わっていないと思います。

細川元総理大臣が熊本県の知事をやっていたとき、

「熊本県は、東大の合格者が少ない……」

と発言しました。その頃の熊本県は一年に一人か二人とか、ほとんど東大合格者がいなかったのです。ところが、その発言の翌年に二十人くらい合格者が出ました。もともと東大に合格できるくらいの受験学力を持った高校生が、そのくらいいたということです。

でも、少し変だと思いませんか？

熊本県で生まれて、熊本県で育って、熊本県の小・中・高校を出た優秀な人材が東大に行って、卒業して東京都内に就職したら、それでいいですか？　なぜ、熊本県で育てた優秀な人材を東京にやる必要があるのですか？　それは熊本県にとって損失ではないですか？

東大に全国の秀才が集まると考えるのは誤りなのです。その偏見が地方の人材不足につながったら馬鹿げていると思いませんか。

東大に入れるだけの受験学力を持ちながら、あえて他の大学に入る人は大勢います。東大の入学試験は五輪の日本代表を決めるような公正・公平な決め方にはなっていません。全国一斉に公平な試験を実施して、上から順番に東大に入学させたわけではないでしょう。そう考えれば、東大に全国の秀才が集まると考えることがいかに誤った偏見かが分かります。

でも、東大卒の人が他大学出身の人より「自分のほうが優秀だ」と思いたい気持ちは分かります。

「自惚れが無ければ、人生はまるでつまらないだろう」（ショーペンハウエル）

昔の哲学者は、うまいことを言ったものです。

第五章　知識の再体系化が上達の鍵

自分の知識や技能に注意する必要

読者の皆様は、色々な知識や技術を持っているでしょう。そこで、お尋ねします。

「すでに持っている知識や技術が、新しい知識や技術を習得する妨げになることがある」

そんなことがあると思いますか、それともあるはずがないと思いますか？


答えは「ある」です。日本人が英語を苦手にする理由の一つがそれだと言われます。

「私は彼の提案に賛成した」を英語に訳すとします……。

「提案」は、proposal ですね。

「賛成する」は、agree to... ですか？ それとも、agree with... でしたっけ……、迷いますね。英語の先生に聞くと、
I said to his words, “yes”.

でよいと言うのです。

「簡単じゃないですか！」

と言うと、

「それが難しいんだ！　第一言語の知識や技能が第二言語の習得の妨げになっているんだ。だから日本人は英語が苦手なんだ……」

ということでした。私は、なるほどと肯きました。

第二章で井上成美が「英文和訳は百害あって一利無し」と言ったことに触れましたが、彼は日本語の習得が、かえって英語の学習の妨げになっていることを経験的に知っていたと思われます。

先入観や偏見もそれに当たると言えるでしょう。

先入観が、人間の進歩成長の妨げになることがあるでしょう。何も知らなければいいものを、なまじ知っていたために「変なこだわり」があって、それが新しい知識や技能を身に付ける妨げになった……。そして後からそれに気づいたことがあるでしょう。自分の知識・理解が他人のそれとかみ合わずに「言い争い」になったことがありませんか？

また、相手のことをよく知りもしないで「陰口・悪口」を言うことが人間社会では珍しくありません。人間なんて、親子でも兄弟でも隅から隅まで知り尽くすことなんて不可能です。それでいて、自分の都合で他人を誤解し、結局は自分が損をすることが少なくありません。

今の自分が持っている「知識・技能」にこだわっていると、それが次の新しい「知識・技能」を獲得する妨げになることがあるのです。

また、スポーツでも、きちんと身に付けた基本的な技能が他のスポーツをやるときに邪魔になることがよくあります。

卓球やテニス、バドミントンと野球の打撃練習を比べてみれば分かるでしょう。

野球では「ボール球には絶対に手を出すな」が鉄則です。ボール球を打ってもファウルか凡打にしかなりません。そこで選球眼を鍛えることが重視されます。

卓球やテニスでは、どうでしょう？　相手がこちらの打ち返しやすいゾーンに打ってはくれません。こちらの打ちにくい、言ってみれば「ボールゾーン」に打ち込んできます。テニスやバドミントンでは、ボールゾーンに入ってくる球を必死に追って崩れたフォームで打ち返さないといけません。要するに野球とは「打ち方が全く違う」のです。

そういったこともあって、「スポーツ万能」ということは、ありえません。ありえるのは、いろいろなスポーツを「それなりにこなす器用な人」だけです。

では、ピアノとバイオリンとを比べてみましょう。

私の知人に両方を演奏する人がいます。彼はバイオリンが専門でしたが、ピアノがその妨げになり、

「気分転換になるだけだ」

と言います。理由を尋ねると、ピアノでは左手は左に進むと音が下がるが、バイオリンの左手はその逆だから、ということでした。なるほど、と納得しました。

バイオリンでは左手が左に進むと音が高くなる、それがピアノを弾くときの抵抗感になる……、そこまでのレベルになるのはたいへんだろうと思いました。そうすると、世界的なピアニストが同時に世界的なバイオリニストに成るのは、不可能と思っていいでしょう。

このように考えていくと、

「すでに持っている知識や技術が、新しい知識や技術を獲得する妨げになることがある」ことが理解できるでしょう。これは全ての学習に共通することです。学んでいるうちにどこかで壁に当たって、いうところのスランプになって次のステップに進むことができなくなる……、そういうことがあるものです。

しかし、藤井聡太は、そのようなスランプなしにあそこまで駆け上がったと思われます。そういうとき、「天才」とか「努力」という言葉で片付けてしまいがちです。

藤井聡太本人の才能や努力を認めたうえで、「知識の再体系化」という、もう一つの上達の鍵について述べます。

知識の再体系化

「知識の再体系化」とは何か？

小学校のとき、平行四辺形や台形の面積の求め方を勉強したでしょう。その時、三角形の求積法をもとにいろいろな面積の求め方を検討したことがあるでしょう。一つのやり方が分かっても、

(別のやり方もないかな……)

と考えたでしょう。あれが「知識の再体系化」だと思っていいのです。別の視点・観点から見て理解を深めていくわけです。

将棋でも囲碁でも、この知識の再体系化をやらないと、アマの三〜五段くらいで止まって

しまうことがあるようです。知識の再体系化は、いろいろな学習で出てきます。そして、知識の再体系化をやると理解が深まり、認識が変わります。学びが深くなるのです。

歴史の勉強を例にとって考えてみましょう。

鎌倉幕府の成立を学習するとします。

そこで、頼朝が鎌倉に幕府を開いた理由を、

①「義経と不和になったのはなぜか？」

②「憲法違反」

③「近代民主主義とは何か？」

④「天皇を政治利用することがなぜいけないのか？」

という問題と絡ませて「知識の再体系化」を使った指導をします。

①について始めます。

源頼朝は、政治から天皇の影響力を排除しようとしました。だから、京都から遠く離れた鎌倉に幕府を開いたのです。義経が頼朝から信頼を無くした理由は幾つもありましたが、一番の理由は天皇家から官職（左衛門少尉検非違使＝判官）を受けたからです。それが頼朝の逆

鱗に触れました。政権から天皇の影響力をのぞこうとする頼朝のやり方を全く理解していません。

家康も天皇家の政治的影響力を排除するのに知恵をしぼりました。財産は外様、権力は譜代、名誉は天皇に与え、誰も天皇を政治利用できないようにして二百五十年の安泰を図ったのです。

だからこそ、徳川盤石の世を変えるのに、薩摩も長州も天皇を利用せざるをえませんでした。

二・二六事件も天皇を利用しようとしたものです。天皇を利用すると、必ず政治が紛糾して収拾がつかなくなることを、日本人は苦い歴史から経験しているのです。すでに頼朝が、それをしっかりと認識していたのです。

ここまでが①です。これが知識の再体系化の特徴です。

次に②の「憲法違反」です。

数年前、天皇に直接、自分の政見文書を手渡した国会議員がいました。彼は、そのへんの事情を全く理解していません。十二世紀の頼朝以下です。

天皇が政治に関する権能を有しないことを、現行の憲法では明記しています。(皇室には

選挙権さえありません。「公務員を選定し、およびこれを罷免することは国民固有の権利である」という人権の一部がないのです）

東日本大震災をめぐって天皇陛下に自分の政見を渡して、自分の政治目的を達しようとした某国会議員の暴挙はまったく前近代的です。

公務員は憲法を順守する義務があるのに、それを国会議員がやるとは言語道断です。そんな暴挙をやった議員は、あらゆる公職から永久追放するくらいの厳罰が必要だと思います。国が乱れるもとになるからです。頼朝の考えたことを、しっかりと中学生か高校生の段階で指導する必要があると思います

次に③と④です。

「近代民主主義とは何か？」

民主主義とは多数決の原理で、「数の多い方に従う」のが原則ですが、数を増やす方法は「言論」だけです。言論以外の方法を使ってはいけません。それが近代民主主義の原則なのですが、日本人は、その原則を理解していません。就職の世話をするとか、施設に優先的に入れてやるとか、そういう方法で数を増やしてはいけないのです。まして、天皇を使ってはいけません。

天皇を味方にすれば数が圧倒的に増えます。当然でしょう。だからこそ、薩摩も長州も天皇を担ごうとしたのです。

「陛下が、こうおっしゃった」

と言えば、その通りになる可能性がかなり高くなるはずです。すると、どうなるでしょう?

事実上、主権が国民から天皇に移ることになりかねません。もちろん、憲法違反です。天皇を政治利用すると憲法そのものが機能しなくなり、憲法の三原則である「主権在民」が脅かされるのです。天皇の意志で国政が左右されることになったら、平安時代や奈良時代に逆戻りです。大変なことになります。だから、天皇を政治利用してはいけないのです。日本人はそのことを歴史から学んでいるはずですが、某議員は全く理解していませんでした。

長くなりましたが、これが知識の再体系化の一例です。一つの事柄についていろいろな視点・観点から見直しを図るのです。私は社会が専門なので、このような例を挙げましたが、同じような「知識の再体系化」が、理科でも数学でもあるはずです。

教師には、この知識の再体系化ができるだけの力量が必要ですし、学習者も「知識の再体系化」に興味を持つことが重要です。

ですが、右のような指導をしたときに、

「先生、それってテストに出るんですか？」

「先生、テストに関係ない話をしないでください」

と言ってくる生徒がいます。そういう態度の生徒は、その単元のテストでは高得点をとれるかもしれませんが、その後の伸びが期待できません。将棋で「ある戦法にだけは詳しいけど、実戦では弱い」人がいるでしょう。あれと同じです。

将棋の上達にも必要な「知識の再体系化」

将棋も上達したかったら、この知識の再体系化が効果的です。

将棋には「三間飛車《さんけんびしゃ》」とか「矢倉」とか「美濃囲い」とかいろいろな戦法や囲い方があります。

そして、「美濃囲い」が進むと「高美濃囲い」という囲いになります。

私は将棋を覚えた頃、美濃囲いが発展して高美濃囲いになるものだと、思い込んでいました。

ところが、実戦で将棋を指すと、美濃囲いから高美濃囲いになる途中で、相手が仕掛けてきます。そして負かされます。同じように矢倉囲いが完成する前に相手が仕掛けてきます。そうすると、囲いが完成する手順だけを暗記しても無駄どころか、その手順にこだわってはいけないことが分かってきます。

将棋や囲碁の世界では、一手ごとにカオスの世界に入って行きます。盤上の駒や白黒の石は、無限の変化の中の一部に過ぎません。ですから、「次の一手」を決めるのに数時間も考えることがあります。プロ棋士は、その時間に「知識の再体系化」を行っているのです。暗記しても知識の再体系化には繋がりません。

囲碁の世界で「知識の再体系化」をした実例

以下は囲碁の世界での「知識の再体系化」に成功し、短期間で上達した人の実例です。囲碁や将棋に興味の無い方はとばしていただいて構いません。囲碁・将棋の愛好家で、上達したい方がお読みください。

『置碁検討録　中』(前田陳爾、誠文堂新光社)での大枝雄介九段のまえがきの一部です。そのまま引用します。たいへん示唆に富む、考えさせられる内容です。

「師匠には生涯に一局しか打ってもらえないものといわれています。私もその例に漏れず入門の時に一局打っていただいただけです。それだけにその碁は今でも鮮烈な思い出として残っています。

昭和二七年、十七歳の秋、私はプロになるべく山形から上京し、前田先生の門を叩いたのでした。

そこで、四子で試験碁を打っていただいたのですが、終盤、私は二目勝ちをよみきっていたつもりでした。先生はコウを仕掛けてこられました。実はそのコウもコウ材もよみきって勝ちと読んでいたのです。

ところが、私に思いもかけない読み落としが……。それは『プロは損コウは立てない』という先入観でした。勝負の前には損コウもなんのその、私は一つのコウ不足、私のよみはもろくもくずれ、敗れ去りました。

私に勝負の厳しさを教えてくださったのだと思います。強烈でした。私の中で何かが、がらがらと音をたてて崩れ、新しい何かがめばえてくるような感じでした。それから一年の間に私は四子は、強くなったと思います」

原文のままです。

この中で大枝雄介九段は、

「先入観でした」

「強烈でした」

「私の中で何かが、ガラガラと音をたてて崩れ、」

「新しい何かがめばえてくるような感じでした」

「それから一年の間に四子は、強くなったと思います」

と書いていています。これは、学習において知識の再体系化がどれほど大事かを物語っていいます。この大枝少年の体験は、
・先入観がいかに上達を妨げるか
・新しい認識（知識の再体系化）が上達につながる
・知識の再体系化があれば、短期間に飛躍的に上達する
ことを端的に物語っています。

（※『置碁検討録（上中下）』（前田陳爾、誠文堂新光社）は、名著だと思います。囲碁愛好家に薦めます）

囲碁でも将棋でも、プロ九段の先生に四子（四ランク）で勝負できれば、アマの県代表ク

ラスです。地元では「天才少年」ともてはやされるものです。そのくらいでないと、プロの入門試験は受けられないものです。百メートルに換算すれば、十秒六～八くらいになるでしょうか。それがたった一年で四ランクも上がったというのです。「知識の再体系化」が、どれほど重要か理解できると思います。

囲碁の世界では、

「定石を覚えて二目弱くなり」

という川柳があります。二目とは二ランクのことです。定石を勉強した結果、二ランク下のレベルに下がるということですから時間と労力の大損です。知識の再体系化を伴わない、暗記だけの学習がいかに無意味かという川柳です。

年がら年中、同じ戦法を繰り返す万年初段のアマチュア

年がら年中、「知識の再体系化」をしてきた藤井聡太

上達の進度が大きく違うのは当然でしょう。

しかし、上達しない人には様々な心理的要因もあって、それが知識の再体系化を妨げることがあります。その一つが恐怖心です。

「知識の再体系化」を妨げる恐怖心

恐怖心を克服するのは大変です。人間のあらゆる感情の中で最も克服しにくいのは恐怖心です。水を怖がっている子どもに「怖がるな」と言っても、まずは無駄です。跳び箱が跳べない原因のかなり多くが「怖がっている」ことです。特に将棋や囲碁では恐怖心を克服するのが困難です。上手は、どんな手を繰り出してくるか分からないからです。

野球の経験者から内野の守備練習について聞いたことがあります。たいへん興味深いと思いました。

まず、正面に緩いゴロを打つそうです。正面ですから楽に取れます。そして徐々に速い球を打ち、最後には猛打球を打ちます。それを怖がらずにしっかりと取れるようにします。つまり徐々に恐怖心を克服するというのです。

それから、三十センチほど左右に外して打ちます。手を伸ばせば取れますから、ついグラブだけ出して取ります。すると、

「だめだ。正面で取れ！」

と指導するそうです。猛打球に咄嗟に反応して正面で取れるようにして、少しずつ守備範

囲を広くしていくというのです。私は、なるほどと思いました。

私は教員をやっていて、恐怖心ほど人間の進歩・成長を妨げるものはないと思っています。水泳授業をやります。水を怖がる子どもには指導のしようがありません。跳び箱でも、飛べない理由の殆どは恐怖感です。国語や算数でも間違いを怖がって挙手しようとしない子は、教師サイドも、その子が「分かっているのか、そうでないのか」判断できなくて、指導の効率が悪くなります。

間違いを怖がる、失敗を怖がるのは、自分自身の進歩・成長を妨げるのです。

野球の守備に限らず、スポーツでは恐怖心の克服が絶対に必要です。

私は二十代後半になってスキーを習い始めました。前述した競技スキーの経験がある人が教えてくれたことです。

「まず、かっ飛ばして、スピードが出ても恐くないくらい、速さに慣れることだ！」

と、恐怖心を克服することを言っていました。

絵画や音楽、書道には恐怖心がつきまとうことはありません。ですから、指導者の言うとおりにメニューを素直にこなしていけば、ある程度までは計画通りに上達します。しかし、囲碁・将棋やスポーツのように恐怖心を克服することが重要視されるジャンルもあり、それが原因で伸び悩んでいる人には、心理面でアドバイスすることも必要になってきます。

なぜ、子どもは上達が早いのか

長嶋茂雄の魅力は、その実績と野球センスもありますが、彼の言動・行動に「どこか子どもっぽい」ところがあるからではないでしょうか。私も、彼の子どもっぽい無邪気さが大好きです。

ある番組で、笑いながら、

「ぼくのイメージは、毎打席ホームラン!」

と愉快そうに語っていました。こちらもつい、一緒に笑ってしまいました。

この発言は、スポーツにプラスイメージが大切であること物語っていると思います。

長嶋がデビューしたとき、大投手金田に四打席連続四三振をくらってプロの洗礼を受けたことは有名ですが、その全てがフルスイングだったことは、教育的な視点からは強調されるべきです。

そのとき、長嶋は、

（いつか、この大先輩を打ってやる……！）

と思ったそうです。金田は、

（いつか、こいつに打たれる時がくる……）

と思ったそうです。

私は囲碁アマ五～七段で打っているので、下手にハンディをつけて稽古をつけることがあります。軽く捻ることもあります。ですがそのとき、

（いつか、この相手に負かされるときがくる……）

と思うことがあります。それは「強手《きょうしゅ》」を打ってくる人です。思い切りのいい、張った手、野球でいうならフルスイングをする人です。そういう人は上達が早いものです。

大人は子どもより、判断力や推理力が優れています。無茶を避けようとする賢さもあります。

その賢さが裏目に出て、将棋や囲碁の上達を妨げることがあると私は考えています。

子どもは違います。分別のない子どもは、将棋や囲碁をやらせても無難な手を選びません。俗に言う「やりすぎ」が多いです。でも構いません。それで上達するのです。

子どもの上達がはやいのは、恐怖心がないのも理由の一つと考えられます。大人になると

恐怖心を克服するのはたいへんですが、無分別な子どもには恐怖心など「どこ吹く風」です。子どものうちに強手を放つ習慣を身に付けることが大切で、大人になって「変な賢さ」で消極的な手を選ぶと上達を阻害する原因になります。


前述の二十歳を過ぎてピアノを習い始めた人は、ピアノの先生からは、

「人前では弾かないように」

と言われているそうです。理由は？

下手だから……、ではありません。「あがる」のを克服できないと言うのです。

幼少のときからピアノを習っていないのは致命的だと言われたそうです。三歳の子どもは「あがる」ということがありません。大人になると「あがる」クセがついてしまうのです。

「あがる」というのも恐怖心の一種です。「あがる」ことがない子どもの時期に一気に上達させることが大切です。

小学生にスキーを指導するとよく分かります。子どもは、自分で制動が効かないくらいスピードを出します。見ていてハラハラします。でも、そこでスピードに対する恐怖心をなくします。

ある調査によると、保健室に来る小学生は三年生が一番多いそうです。つまり一番ケガが多いというわけです。なぜか？

自分の体力とか反射神経とか敏捷性とか、調整力とか……、そういうものに合わない激しい動きをするのが、その理由と言われます。実際、怖がらずに動き回るのは三〜四年のように思います。恐怖心の有無は、上達やケガに大きく影響するということです。

さて、知識の再体系化を阻害するのが恐怖心なら、それを促進するのが「遊び心」です。


知識の再体系化を促進する「遊び心」の大切さ

遊び心は知識の再体系化を促進します。あまり指摘する人はいませんが、学習効果を上げるのに「遊び心」は大切です。

野村克也氏が阪神の監督をやっていたときのことです。

ある土曜の夜、東京ドームで巨人・阪神戦がありました。私は、その試合をテレビで観ていました。阪神の山田捕手のパスボールが原因で阪神が負けました。

翌日、「サンデー・モーニング」という番組に野村克也氏が生出演しました。そこで、

「山田（捕手）ってのは……、真面目なんですねえ……」

とつぶやくように言いました。

司会の関口宏が、怪訝な様子で、

「真面目じゃ、いけないんですか？」と聞くと、

「キャッチャーには遊び心が必要なんです。相手をおちょくってやろう、相手の裏をかこう、そういう遊び心がないと、いいリードができないんです。山田は真面目なもんだから、教科書通りにやってしまうんです……」

と応えました。

私は、たいへん興味深く思いました。

野村克也氏のリードと野球理論は、その遊び心に支えられているに違いない、と思いました。


野村が西武ライオンズにいたときのエピソードです。これもＴＶで放映されたので、観た読者も大勢いると思います。

ライオンズが一点リードで迎えた九回裏の守備です。ツーアウト満塁でフルカウントです。

次の一球で勝負が決まるという緊迫した場面です。そこで、野村の出したサインは？何と、真ん中高めのボール球（ストレート）でした！

びっくりした松沼（兄）投手が、タイムを取り、

「状況が分かってるんですか？　なんで、押し出しの一点をみすみすくれてやるんです？」

「野球に『ストライクを投げなければいけない』というルールはない。お前がその下手からズバッと真っ直ぐを投げれば、相手は絶対に手（バット）を出す」

「オレは知りませんよ。どうなっても」

「ああ。責任はオレが取る」

野村の要求通り、松沼は下手から渾身のストレートを高めのボールゾーンに投げました。

そして、

ストライク！

バッターアウト！

ゲームセット！

野村の読みが当たり、相手バッターは空振りの三振に取られたのです。

野村克也氏というと頭脳派というイメージがあって、緻密な野球理論が構築されているよ

うに思えます。それはきっとそうなのでしょうが、それだけでなく、「遊び心」が彼の野球理論と相乗効果を上げているように思えてなりません。ただの理論派なら、理論重視の面白くない教科書通りの試合をするでしょう。

作詞家の阿久悠（故人）が、生前、
「面白がるのが、一番の真面目である」
と語っていたそうです。これは遊び心がないと、工夫につながらないということではないでしょうか。「UFO」や「ウルトラマンタロウ」を作詞したかと思うと、「北の宿」とか「あの鐘を鳴らすのはあなた」とか、いろいろな作詞ができたのも、面白がる遊び心があったからではないかと思います。

恐怖感にとらわれた人には、もはや遊び心はありません。将棋でも決まり切った指し方に終始し、創意工夫をしなくなります。年がら年中同じ戦法で将棋を指します。俗に言う「頭が固くなる」のです。そういう頭では、「ツーアウト満塁、フルカウントで高めのボール球を要求する」なんて、そんな非常識なことを考えつきません。でも、そういう非常識な発想がアイデアを生むのです。

昔から名人・上手と言われる人は、野村氏のように基礎的基本的な常識を持ちながら、それにとらわれないで自らアイデアを出すものでした。

こういう人は上達をあきらめてください

以上、書いてきた通りです。ですから、次のような人は上達をあきらめてください。

まずは、知識の再体系化をしない人、つまり「遊び心」がなくて、いつも同じパターンの将棋を指している人、同じパターンの布石や定石を打っている人です。そういう人は「知識の再体系化」を自ら拒否しているわけですからいつまで経っても「深い学び」に入ることができません。皮相的な形だけの勉強をしているわけです。

二つ目は、恐怖感を克服できない人です。将棋で言うなら積極策か消極策かで迷った時、消極策を採る人です。この場合、必ずしも「攻めるか守るか」で迷ったとき、攻めるという意味ではありません。囲碁で言うなら黒石と白石がぶつかって戦いが始まったとき、弱気になってしまう人です。スポーツでも野村氏のように「競り合った場面」で思い切った判断やプレイができる人、長嶋のように大先輩相手でもフルスイングできる人が、その試合では負けても長い目で見れば伸びます。

「遊び心」を持って、常に今もっている知識の再体系化を図り、新しい発見をしようとしている人、競り合った場面で「一歩も引かない」強い態度をもって臨むこと。勝負がついたら、その原因を振り返り、自分のミスを自分で見つけようとすること、これらを心がければほとんど伸び悩むことなく、上達し続けます。

もう一つ、大事な上達の要素があります。当然ですが、強敵（ライバル）に恵まれていることです。最強の人には、自分を負かしてくれる強敵がいません。これでは上達するのは、たいへん難しいです。全国の至るところに将棋道場や碁会所があります。どこでも必ず「最強の人」がいます。そういう人はなかなか上達しません。私の通った囲碁道場でも最強の人はいます。その人はなかなか上達しません。

自分が一番強い……、これほどつまらない、寂しいことはありません。

第六章　学習方法はまだまだ開発途上

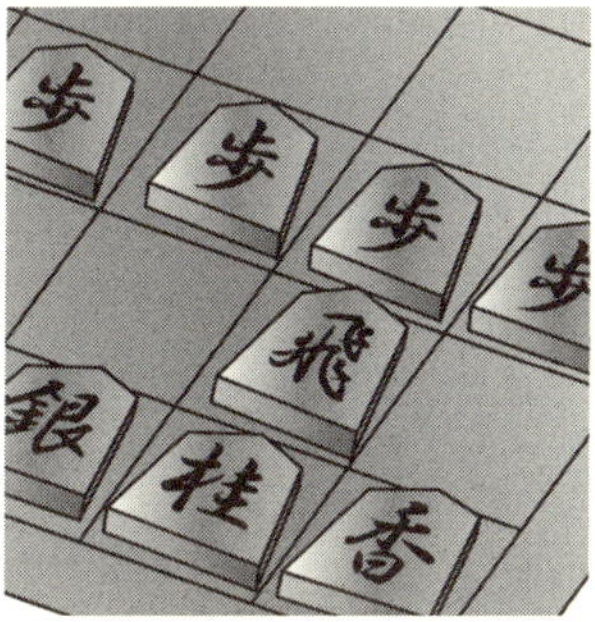

終わった学問はない

百メートルを走るとき、手をどうすると速くなりますか？
軽く握って走りますか？
それとも指をピンと伸ばして走りますか？
正解は、「未だに分からない」です。

それが分かるには、相当かかるでしょう。ひょっとして何百年もかかるかもしれません。もしかしたら、個人差があるかもしれません。ある選手は指を伸ばしたほうが速く、ある選手は軽く握ったほうが速いということもありえます。また、ある選手は前半の五十メートルは握って走り、後半は指を伸ばした方が速く、別の選手はその反対かもしれません。気象条件も関係するかもしれません。追い風のときは手を握った方が速く、向かい風のときは指を伸ばしたほうが速いかもしれません。

スポーツ種目の中で最も単純と思われる百メートル走でも、その練習方法とレース展開はとても難しいのです。素人はただ闇雲に走ればいいと思いがちですが、百メートルの中にもマラソンのようなペース配分があって、しかもその配分を誤ると番狂わせが起きます。

こういう複雑さは、どんなジャンルにもあります。どんな学習にも最も効果的なやり方を求められれば、決定版はないと思います。教員の世界でもさまざまな指導方法が調査・研究されていて、ますますいろいろな指導方法・学習方法が開発されることでしょう。


本書で、いろいろな学習方法について述べてきましたが、決してこれが完全というものではありません。むしろ完全とはほど遠いと思っていただいたほうがよいかもしれません。私自身が、十年後には本書に書いた内容を否定する本を著すかもしれません。

「私の学説の九九パーセントは間違っているだろう」

アインシュタインの言葉です。

全ての研究者に当てはまると思います。自分の間違いの可能性を認めないのは麻原彰晃くらいです。彼は、自分の間違いを認めないのではありません。間違えているかもしれないという可能性さえ認めないのです。

「オレは、自分の良心に照らして何ら恥じるところがない」

と言ったそうです。

本当ですか？　それが本当なら、恐ろしいことです。自分が間違えている「可能性」くらいは認めていいでしょう。それも認めないのですから。

そういう人間は、たいへん危険です。


こうしている間にも世界中の教育関係者が「効果的な指導法」を研究・開発しています。終わった学問はないのです。

何か不思議なことがあると、

「科学的にありえない！」

と言う人がいます。これほど賢そうに見える愚か者はいません。科学はまだ途中です。物理も化学もまだ終わっていません。発展の途中です。それが分かっていない人が、

「科学的にありえない」

と言うのです。正しくは、

「今の科学では解明できない」

と言うべきでしょう。いろいろな調査・研究がされていて、未だに終わりが見えません。

「これで、研究は終わった。これ以上研究するところはない」

そんなものはないのです。

ですから、読者の皆さんが何かを習っていて、なかなか上達しないなら、学習の仕方を再

考したほうがいいかもしれません。

以下に少し今後の参考になりそうなことを載せます。もちろん大雑把で初歩的な説明で、研究の途中です。

結晶性知能と流動性知能

結晶性知能と流動性知能……、聞き慣れない言葉だと思います。

7＋8＝の答えをすぐ出せるのは結晶性知能です。これがすぐにできる人は、実は計算してなくて、答えを覚えているのです。いかにも結晶性という言葉がぴったりで、それ以上の変化のしようのない、行き着いた先……、そんなイメージがあります。覚えれば、それで学習が終わるのですから。


でも次の図形的な問題をすぐにできますか？　できるのが流動性知能です。

△→▽だとします。
すると、

☆↓

これは、どうなりますか？

全然ちがうタイプの問題です。これが結晶性知能と流動性知能の違いです。

もちろん、専門家の間には細かいところで議論百般ありますが、まずはそんなふうに考えれば「当たらずといえども遠からず」です。

そして、年を取ると流動性知能が衰えると言われています。高齢者が引っ越しを嫌がるのは、この流動性知能が衰えるからだという説があります。なるほど、そうかもしれません。街を歩いて、どこにスーパーがあって、どこに郵便局があるかを、せっかく覚えたのに、それをもう一度新しく覚えるのは、確かに高齢者には面倒かもしれません。

ところで、将棋に強い人は「結晶性知能」が優れているのでしょうか？　それとも「流動性知能」が優れているのでしょうか？

これを考えることは重要です。

暗記中心で定跡を覚えれば強くなる、そう考える人は結晶性知能を重視しています。

それに対して、詰め将棋を解くとき、逆さにしたり横に見たりして解いてみる人は「流動性知能」を重視しています。そして左右上下の角度で解いても同じ速さで解けて、はじめてできたと考えます。（※これをやると百題の詰将棋が四百題の価値を持ちます……）

どちらの学習が効果的でしょうか？

誰かが実験・調査をしたという事実があるでしょうか？

どうもなさそうですが、流動性知能を重視した学習の方が効果が上がりそうです。なぜなら、流動性知能は教えるものではなく、自分で訓練して身に付けるものだからです。

ここまできて、やっと「杉本七段は、なぜ藤井聡太に教えなかったのか？」という疑問について明快な答えが出てきそうです。私の説明は以下の通りです

将棋をやる人は、詰め将棋をやって読みの力を鍛えます。そして実戦では、「自分の王様が、あと何手で詰むか？」と「相手の王様が、あと何手で詰むか？」の両方を読みます。そして自分の手番なら、「自分の王様が、あと二手で詰むなら、相手の王様が一手で詰む状況」にします。そして「自分の王様が、あと一手で詰むなら、相手の王様を詰ますか、自分の王様をあと二手以上かかって詰む状況」にします。

二人の対局者は、常にこの駆け引きをやっています。そして、その駆け引きの力は、言ってみれば「流動性知能」のようなもので、師匠が教えることのできないものです。自分で鍛えるしかない知能です。

算数で考えてみましょう。

2×4＝　の答えは、九九を覚えさせることで身につきます。ですが、

8÷4＝　の答えは4の段の中から瞬時に自分で選ぶしかありません。教師は教えようがありません。教師が教えられるのは

「『4の段』を使うんだよ」

とか、

「『4の段』のどれになるか、考えてごらん」

ということぐらいです。それ以上は、どうしてみようもありません。要するに本人がドリルトレーニングをするしかないのです。

それが将棋と同じなのです。だから、杉本七段は、藤井聡太に教えようがなかったのです。

「相手の王様が『あと何手で詰むか』を読むんだよ。それから、自分の王様が『あと何手で

詰むか』を読むんだよ。その手数から、守るか攻めるかを決めるんだよ」という指導はできます。でもそんなことはアマチュアでも知っています。プロに入ったら、そこから先は自分でやるしかないレベルに達しているのです。

8÷4=をやるとき、4の段を使うことは知っています。でも9通りある四の段の中から瞬時に答えを選ぶのは自分でドリル練習して力を高めるしかありません。

そういった理由で、将棋では師匠が教えないのです。というよりプロに入門したときには、師匠が教えるような学習段階ではないのです。直接教えるのはラーンのような「習得段階」で、スタディやドリルのような「活用段階」「応用段階」「習熟段階」では教えるものではありません。

2D（平面）と3D（立体）

皆さんは、絵を描くとき、実物を見て描くのと写真を見て描くのと、どちらが得意ですか？

やってみてください。風景画でも静物画でも、実物を見て描くのと写真を見て描くのとでは得手不得手があるかもしれません。

実物は立体的で、これを見て描くのは3Dです。写真は平面的で、これを見て描くのは2Dです。そして、人間には3Dが得意な人と2Dが得意な人とが先天的にあるというのです。

これは知人で「障害教育」に詳しい専門の教員から聞いたことです。私はたいへん興味深く感じました。そして、3Dと2Dでは学習効果が人によって違うというのですから、さらに興味津々です。

私は、ある囲碁雑誌を購読していて、「段位認定」の詰碁に毎月応募しています。中には難しい問題もあります。そういうとき、ケイ線のある用紙に書き写して空いた時間に解こうとします。紙上で考えるのですから2Dです。ところがなかなか解けません。ときには一週間かけても解けないこともあります。そうこうするうちに締め切りが迫ってきます。応募に間に合わせるためには何とか答えを記入して投函しないといけません。

そこで、碁盤に石を並べてやってみます。今度は3Dで考えるわけです。すると、数分後に答えを発見できることが時々あります。

何ということでしょう? 平面では一週間でもできないことが、立体では数分でできるとは！

今までは、切羽詰まって、集中して解けると思っていたのですが、先ほどの知人に聞いて認識を改めました。

(自分は、ひょっとして、3Dタイプの人間なのではないか……?)

という疑問が生じたのです。

そして、囲碁の学習も3Dと2Dでやるのとで、効率や効果が違うのではないか……、という疑問を持つようになりました。

囲碁・将棋の学習もパソコンでやれば2Dです。実際に盤を使ってやれば3Dです。どちらが効果的かは個人差があるかもしれません。

もちろん私個人の感想と疑問であって、結論はありません。今後の研究が待たれます。

「分かる」と「できる」の四つの関係

「分かる」と「できる」には四つの関係があります。

① 分かるからできる
② 分かるけどできない

③　分からないけどできる

④　分からないからできない

この四つです。①と④については説明不要ですね。そして、この四つの中で最も効果的なのが

②の「分かるけどできない」です。

「分かるけどできない」とは奇妙に思えますが、テストが返ってきたときのことを思い出してみてください。○×のついたテストを見て、

（しまった、十点ソンした！　あ〜あ、バッカだな〜！）

と思ったことがあるでしょう。それです。誰でも経験あるでしょう。それが「分かるけどできない」です。

学習効果を手っ取り早く上げるには、この「分かるけどできない」を先にやるのが、効果的です。何しろ、もともと分かっているのですから。

将棋の上達も、自分の棋譜（記録）を見て、

（しまった、バッカだなあ〜。ここは7六銀で勝ってたのに〜！）

と反省することが一番の上達法です。後から振り返って「7六銀」に気づくようなら、もともとその力はあったのですから。

「分かる」と「できる」の関係で最も効果的なのが「分かるけどできない」だと覚えておきましょう。受験勉強でも役に立ちますよ。

※③の「分からないけどできる」というのは信じられないかもしれませんが、実際にあります。理解していないのに正解だけは出せる、ということです。受験で「(分かろうが分かるまいが) こうすれば正解が出るんだぞ」というやり方です。これをやると、よい成績はとれるけれども人格形成期に破滅的な結果をもたらすことがあるという説を唱える人もいます。読者の周辺にも高学歴でありながら「自分が何をしていいか、何に向いているか、何が好きか分からない……」という情緒的に変な人はいませんか?

このことについては、断定的なことは言えませんし、本書はそこまで深入りする専門書ではないので、このくらいに留めておきます。言えることは、知的な理解と情緒的な学習意欲には何らかの関係があるということです。もちろん、議論百般あるのは当然です。

一流私立中学に合格した小学生の勉強法

「一流私立中」という言葉は私の嫌いな言葉で、できれば使いたくないのですが、ここでは仕方なく使います。

いろいろな有名私立中学がありますが、それに合格した小学生の学習方法に「分かるけどできない」と「分からないからできない」だけやって、合格したという話です。

その小学生のやった勉強方法は、

「今までにやったプリントをファイルして、その中の間違えたところを何度も繰り返してやった」

ということでした。これが、受験競争で勝ち抜く秘訣です。

この勉強方法の優れたところは、繰り返しているうちに……、

①「分かるけどできない」が「分かるからできる」になる。

②「分からないからできない」が「よく考えればできる、時間をかければできる」になる。つまり「分かるけどできない」になる。さらに繰り返しやると、その「分かるけどできない」が「分かるからできる」になる……。

ということで、非常に効率のいい学習で、まったく無駄がありません。

お気づきのように、右の学習にはラーンがありません。つまり、新しいことは何もやりません。新しいことを覚えたり、練習したりするより、すでにやったことを完璧にするようにします。学習には、ラーンとスタディとドリルトレーニングがありますが、試験まで残り

一ヵ月とか二ヵ月くらいになったら、ラーンはもうやらないほうがよいでしょう。そのために経験豊富な先生や先輩から指導を受けて年間学習計画を立てる必要があるのです。

自動化すると集中力や意識を必要としなくなる

ドリルトレーニングを繰り返すと、考えなくても自然とできるようになります。スポーツ選手は何度もドリルトレーニングを繰り返して、体で覚えます。自動化してしまうと、そういうことが起きるのです。本人は、何も意識する必要も集中する必要もなくなります。

昔、中村紘子（故人）というピアニストがテレビに出て、仰天する神業を披露していました。なんと、片手でピアノを弾きながら、もう片方の手で料理をしていたのです！　人間業とは思えません。

プロのピアニストが暗闇の中でショパンを弾くくらい造作ないのが理解できました。

プロの将棋指しが、目隠しをして、将棋を指せるのも理解できます。

これも昔の放送です。

NHKで「ウルトラアイ」という番組がありました。その番組の中で、プロの外野手が目隠しをして、旗を持ってグラウンドに立っています。私の記憶違いでなければ、確か阪急ブレーブスの外野手だったように思います。そしてプロの神業を見せたのです。

ノックすると、その音を聞いた外野手は旗を左右に振り下ろすのです。

ノッカーは左右に打球を打ち分けます。すると、目隠しをした外野手は百発百中で打球の方向に旗を振り下ろすのです。それはまさに百発百中で外れることがありませんでした。しかも瞬時にです。

（ウッソ〜？　ホントに目隠ししてんの？　透けて見えてるんじゃないの？）

つい、そう思ってしまったくらいです。

つまり、プロの外野手は打球を見ないで音を聞いて落下地点まで猛ダッシュするのです。人間業とは思えません。

（あれがプロか！）

と思いました。私は、それまで外野手は脚が速くて肩が強ければ誰でもなれると思っていましたが、大間違いでした。

あるとき、囲碁雑誌を開いていたら、大竹英雄という大名人が後輩に向かって、

「プロなら、ノータイムで好手を打てなくてはいけない」
と指導（説教？）している記事が載っていました。囲碁・将棋のプロは、「多面打ち」とか「多面指し」とかいって、一度に何人ものアマを相手に指導をします。瞬時に着点を決めなければできないことです。これも自動化の一つと言っていいでしょう。

どんなジャンルでもそうですが、自動化すると集中力や意識を必要としなくなるということです。

読者のほとんどは日本人だと思いますが、日本語を話す際に、いちいち考えないでしょう。それは自動化しているからです。だからこそ、自分が、
「日本語ペラペラ」
と錯覚する日本人が、子どもでも大人でもたくさんいるわけで、注意が必要です。

バイエルの四十番程度なら、私でも暗闇の中で弾けますが……、その程度では問題にもなりません。

自分に合った学習プログラムを手に入れる

「車の運転免許は五十時間で取れる」見通しがあるから、自動車学校に通うのです。将棋には、その「見通し」がありません。どのくらいの学習（練習）時間で「アマ三段」になるか分からなければ、将棋の普及に支障があるのは当然です。

では、受験勉強はどうでしょう？　受験生は自分に合った学習プログラムを手に入れているでしょうか？

とてもそうは思えません。なぜなら世の親で、何も考えずに、

「勉強しなさい」

と繰り返すだけの親が多いのではないでしょうか。

そうではなく、本人に合った学習プログラムを入手させることです。

では、どうするか？

目指す高校や大学に合格した先輩がいるでしょう。その人の使った教科書・参考書・問題集を譲ってもらうのです。できれば、その先輩が何月の模試でどんな点数、どんな成績だったかを入手するのです。そうして何月までにどんな勉強をどのくらいやればいいかを決めま

す。もちろん、兄・姉にそういう人がいれば手間が省けます。

東大に限らず、難しい大学に合格した人は、そういう見通しの持てる、自分に合った学習プログラムを手に入れたから合格できたのです。

本書は受験向けに書くのが目的ではないので、受験勉強についての細かい内容には深入りしません。ただ、一流大学（私の嫌いな言葉ですが）に合格した人が優秀な頭脳を持っていて、そうでない人がその反対だとか、一流大学に入った人が勤勉で、そうでなかった人がその反対だとかいうことはないということです。

自分の学力が伸びないのは、必ずしも本人のせいではありません。

星一徹が青雲高校の野球部の監督に就任し、星飛雄馬と伴宙太の率いるナインは甲子園で準優勝しました。

これは非現実的なことでしょうか？　決してそうではないと思います。

徳島県の池田高校はまったくの無名でした。それが突然、甲子園で連続優勝する強豪校になりました。

蔦文也監督（故人）は、はじめ自分の知っている野球の全てを選手に伝えようとして、なかなか勝てませんでした。ところが、ある時に気づきました。

（高校野球に○○は必要ない）

（高校野球に□□は必要ない）

（高校野球に必要なのは△△だけだ！）

それに気づいた蔦監督は、その必要なことだけを集中的にやりました。そして、甲子園で連続優勝するまでの強豪校にしたのです。太田章氏の言う通りです。

「一〇〇パーセントではありませんが……、コーチで決まりますね」

指導者選びが大切なのです。

大学受験も同じです。東大に合格するのに、何が必要で、何が不必要かを知っている人に適切な指導を受けることが先です。それをやらないで、ただ闇雲に勉強しても効果は期待できません。そういうものです。

いまだに受験学力が高い人とそうでない人を能力の有無や勤勉さのせいにしている人がいます。私の知人で、四十年も前の受験学力を鼻にかけて、受験に失敗した人を、

「怠け者！」

と言って罵《ののし》り、自分の学歴を自慢する人がいます。これは全く見当違いなのですが、本人

は、その見当違いに気づかず威張っています。

本書は受験に失敗した多くの青年に、
（そんなに気にしなくてもいいですよ……）
ということを伝えたくて著したものでもあります。

たまたま、教員を三十年以上やってきたので、知らず知らずのうちに指導方法や学習方法を考えるようになりました。それだけに将棋の学習方法が未開拓なのに、ずっと疑問と不満を持ってきました。

と同時に、「自分に合った学習プログラム」を持った幸運な人など、めったにいないことも少しずつ分かってきました。

あとがき

学習方法についていろいろと書いてきました。

（小学校の先生は、こんなことを考えながら教えているのか……）

そう思われた読者もいるかもしれません。

本書の中で、「統合的学習」「自己有効感」「半知性」「結晶性知能」等の専門用語が出てきました。それらの言葉の解釈についても諸説があって、細かい説明は省きました。本書は教育についての専門書ではないので、専門家の間で議論があるようなことについては大まかな説明になっています。


世の中には、（勉強しなくちゃ……）という気持ちがあってもどうしていいか分からない受験生や、「勉強しなさい」と繰り返す親、もっと上達したいけどその学習（練習）方法が分からない、という人が大勢いると思います。本書は、そういう人に向けて書いたので、学校現場の先生方のために書いたのではありません。公立学校の先生なら、本書の内容に少し

「物足りない」と感じるかもしれません。

効率的な学習については、いろいろな調査・研究があり、未だに分からないこともたくさんあります。本文でも述べましたが、私自身が本書で書いた内容を十年後には批判・否定することもありえます。

そのつもりで、読者の方は、自分に最も合った学習方法を自分で開発してみてください。

カール＝ルイスは、

「ぼくには必要ない」

と言って、筋力トレーニングを全くやりませんでした。彼は数十センチの台を足首だけで軽く跳び乗る練習に重点を置いていました。だからと言ってルイスの言葉を真に受けて、高校生の百メートル選手が筋力トレーニングを拒否するのは考えものです。

なぜなら、ルイスの体と高校生の体とはまるで違うからです。ミズノの社員（ルイスのシューズを作っている）がルイスの体を見たときに、

（この人は、これ以上は絶対に速く走れない。これ以上鍛えるところがない……）

と確信したそうです。ルイスの体は隅から隅まで鍛え上げられていて、「ここを鍛えればもっと速くなる」ところが全くなかったのです。そういう選手が、

「ぼくには（筋トレは）必要ない」

と言ったからといって、高校生がそれを真似するのは一考を要するでしょう。そういうものです。世界のトップ選手と高校生とでは練習が異なるのは当然です。

自分に合った勉強方法は、最後には自分で考えて自分で決めなければいけません。本書がその一助になれば幸甚です。

なお、有田朋夫というのは、私のペンネームです。本書の中に出てくる教育関係者はすべて実在で存命中です。その方々の感情と名誉を考慮してペンネームにしました。

〈著者紹介〉

有田 朋夫（ありた ともお）

1959年、新潟県に生まれる。
30数年間、小学校教諭を務める。
現在は退職し、公立小学校の若手教師に指導のノウハウを伝えている。

教職35年でつかんだ
伸び悩んでいる人のための
『学びの奥義』
—教え方のコツ・学び方のコツ—

定価（本体 1400円+税）

乱丁·落丁はお取り替えします。

2019年 9月 20日初版第1刷印刷
2019年 9月 26日初版第1刷発行
著　者　有田朋夫
発行者　百瀬精一
発行所　鳥影社（www.choeisha.com）
〒160-0023 東京都新宿区西新宿3-5-12トーカン新宿7F
電話 03(5948)6470, FAX 03(5948)6471
〒392-0012 長野県諏訪市四賀 229-1（本社・編集室）
電話 0266(53)2903, FAX 0266(58)6771
印刷・製本　シナノ印刷

ISBN978-4-86265-758-9 C0095